Benjamin Schraven
»Klimamigration«

X-Texte zu Kultur und Gesellschaft

Editorial

Das vermeintliche »Ende der Geschichte« hat sich längst vielmehr als ein Ende der Gewissheiten entpuppt. Mehr denn je stellt sich nicht nur die Frage nach der jeweiligen »Generation X«. Jenseits solcher populären Figuren ist auch die Wissenschaft gefordert, ihren Beitrag zu einer anspruchsvollen Zeitdiagnose zu leisten.
Die Reihe X-TEXTE widmet sich dieser Aufgabe und bietet ein Forum für ein Denken ›für und wider die Zeit‹. Die hier versammelten Essays dechiffrieren unsere Gegenwart jenseits vereinfachender Formeln und Orakel. Sie verbinden sensible Beobachtungen mit scharfer Analyse und präsentieren beides in einer angenehm lesbaren Form.

Benjamin Schraven (Dr.), geb. 1978, ist Entwicklungsforscher und berät als Migrationsexperte unter anderem die Europäische Union, die Vereinten Nationen und die Internationale Organisation für Migration (IOM) in Fragen zu Flucht und Migration. Daneben ist er Associate Fellow des German Institute of Development and Sustainability (IDOS) sowie des Zentrums für Entwicklungsforschung (ZEF) der Universität Bonn. Schwerpunktmäßig befasst er sich mit den Zusammenhängen von globaler Erwärmung und Migration, wozu er bereits in diversen Formaten publiziert hat.

Inhalt

Abbildungsverzeichnis

Tabellenverzeichnis

Abkürzungsverzeichnis

AEMR	Allgemeine Erklärung der Menschenrechte
EU	Europäische Union
ECOWAS	Economic Community of West African States
FAO	Ernährungs- und Landwirtschaftsorganisation der Vereinten Nationen
GFK	Genfer Flüchtlingskonvention
IDMC	Internal Displacement Monitoring Centre
IDP	Binnenvertriebene/r
IGAD	Intergovernmental Authority on Development
IOM	Internationale Organisation für Migration
IOM-GMDAC	Global Migration Data Analysis Centre der Internationalen Organisation für Migration
IPCC	Zwischenstaatlicher Ausschuss für Klimaänderungen/Weltklimarat
MENA	Naher Osten/Nordafrika
NELM	New Economics of Labour Migration
OAS	Organisation Amerikanischer Staaten
OAU	Organisation für Afrikanische Einheit (heute: Afrikanische Union, AU)
OCHA	Amt der Vereinten Nationen für die Koordinierung humanitärer Angelegenheiten

OECD	Organisation für wirtschaftliche Zusammenarbeit und Entwicklung
OHCHR	Büro des Hohen Kommissars der Vereinten Nationen für Menschenrechte
PDD	Platform for Disaster Displacement
RCPs	Repräsentative Konzentrationspfade
SDGs	Nachhaltigkeitsziele der Vereinten Nationen
UN	Vereinte Nationen
UNCCD	Übereinkommen der Vereinten Nationen zur Bekämpfung der Wüstenbildung
UNDESA	Hauptabteilung Wirtschaftliche und Soziale Angelegenheiten der Vereinten Nationen
UNFCCC	Rahmenübereinkommen der Vereinten Nationen über Klimaänderungen
UNGA	Generalversammlung der Vereinten Nationen
UNHCR	Flüchtlingshilfswerk/-komissariat der Vereinten Nationen
WHO	Weltgesundheitsorganisation
WMO	Weltorganisation für Meteorologie

Prolog

»Der Unterschied zwischen einem Optimisten und einem Pessimisten liegt eigentlich nur im genauen Datum des Weltuntergangs.«

(Verfasser/in: unbekannt)

Vorwort

Die Zusammenhänge von Klimawandel und Migration sind, wie Benjamin Schraven zurecht ausführt, komplex. Dennoch wissen die Wissenschaftlerinnen und Wissenschaftler in ihren unterschiedlichen Disziplinen durchaus um die Tatsache, dass Umweltveränderungen, die der Klimawandel auslöst, bereits bestehende Problemlagen verschärfen und den Migrationsdruck erhöhen wird. Selbst wenn Prognosen und Szenarien zur künftigen klimainduzierten Migration methodisch variieren und zu unterschiedlichen Ergebnissen gelangen, ist ihnen doch diese Aussage gemein; das zeigt auch der Sachverständigenrat für Integration und Migration (SVR) in seinem Jahresgutachten 2023.

Diese Erkenntnisse einem breiten Publikum jenseits von Wissenschaft und Politik verfügbar zu machen, ist das Verdienst dieses Buches. Dass es dem Verfasser dabei gelingt, auch die unterschiedlichen Facetten und die Komplexität des Themas verständlich zu vermitteln, ist umso erfreulicher. Denn ein besseres Verständnis auch in unserer Gesellschaft um die Zusammenhänge menschengemachter Erderwärmung und menschlicher Mobilität hilft uns allen, passgenauere Lösungen für die Herausforderungen der aktuellen und der künftigen Klimamobilität zu finden. Denn einerseits haben wir im »Globalen Norden« qua Verursacherprinzip eine ethische Verantwortung für jene Gesellschaften, die besonders vom Klimawandel betroffen sind, und andererseits ist der Klimawandel mit seinen Folgen längst kein Problem des »Globalen Südens« mehr, sondern zeigt sich auch in konkreten Extremwetterereignissen und Umweltveränderungen vor unserer Haustür.

Dr. Schravens Buch, Ergebnis jahrelanger Beschäftigung mit dem Thema aus unterschiedlichen Perspektiven, trägt dazu bei, unser aller Verständnis für den Zusammenhang von Klimawandel und Migration zu verbessern.

Prof. Dr. Petra Bendel (Friedrich-Alexander-Universität Erlangen-Nürnberg & 1. Vorsitzende des Sachverständigenrates 2019–2022)

Einleitung

Der Klimawandel ist da. Die durch Starkregen verursachte Flutkatastrophe, die Teile von Nordrhein-Westfalen und Rheinland-Pfalz im Juli 2021 heimsuchte und über 100 Menschen in den Tod riss, führte vielen Deutschen vor Augen, dass die Auswirkungen des Klimawandels keineswegs mehr nur eine abstrakte und ferne Zukunftsversion sind. Nun wurde nicht wenigen schlagartig klar, dass die Folgen der globalen Erwärmung auch sie jederzeit treffen könnten und dass Starkregenereignisse oder Dürresommer in den nächsten Jahren und Jahrzehnten wohl immer häufiger auftreten und auch immer heftiger ausfallen werden. Der Blick über den deutschen und europäischen Tellerrand hinaus bot für das Jahr 2022 ebenfalls ein verstörendes Bild hinsichtlich der Auswirkungen der Erderwärmung: Schwere Waldbrände in den USA mit unzähligen zerstörten Häusern, eine massive Hitzewelle in Indien und Pakistan, die wahrscheinlich tausenden Menschen das Leben kostete, oder über 400 Tote nach verheerenden Überschwemmungen in Südafrika (vgl. Dähn 2022; Prasuhn 2022). Rekordtemperaturen in Deutschland zum Jahreswechsel 2022/2023 wirken im Vergleich dazu zwar weniger dramatisch, bestätigen im Endeffekt aber den Eindruck, dass mit dem Klima irgendetwas nicht mehr stimmt (vgl. WDR 2023). Die düster-bedrohlichen Bilder schmelzender Gletscher, abgebrannter Wälder oder von überschwemmten Siedlungen begleiten deutsche und europäische Medienkonsumenten und -konsumentinnen aber schon deutlich länger.

Die Auseinandersetzung mit dem Thema Klimawandel hatte in Gesellschaft, Kultur und Politik in Teilen schon immer einen apokalyptischen Beigeschmack. Die Ballade *Der Weltuntergang* des

Schweizer Kabarettisten Franz Hohler beschrieb schon 1973 ein ökologisches Untergangsszenario, welches mit einer verschwundenen Käferart in der Südsee anfängt und einem erbitterten Kampf der großen Mächte um die letzten Ressourcen schließt – mit Umweltverschmutzung, Artensterben, Erderwärmung und schließlich dem »Klimakrieg« als den vier Reitern der ökologischen Apokalypse (vgl. Hohler 1974). Bereits ein Jahr vor der Erstaufführung von Hohlers Ballade warnte der wegweisende Bericht *Die Grenzen des Wachstums* des *Club of Rome* vor der Vorstellung, dass Weltbevölkerung und globale Wirtschaft aufgrund der begrenzten Ressourcenausstattung der Erde unendlich weiterwachsen könnten. Eine Nichtbeachtung dieser im Grunde genommen einfachen Tatsache würde, so der Bericht, zu verschiedenen Formen des Zusammenbruchs führen; die Autoren benannten auch die klimaschädliche Wirkung von Treibhausgasemissionen bereits damals. In den vierzig Jahren nach der Erstveröffentlichung der *Grenzen des Wachstums* mangelte es nicht an internationalen Aktivitäten, dem Klima- und Umweltwandel entgegenzutreten. So wurde bereits 1988 der sogenannte Weltklimarat (*Intergovernmental Panel on Climate Change*, IPCC) ins Leben gerufen, der seitdem als zwischenstaatliche Institution den aktuellen Stand der wissenschaftlichen Forschung zum Klimawandel in einem regelmäßig erscheinenden Bericht zusammenfasst, um politischen Entscheidungsträgern und Entscheidungsträgerinnen Handlungsempfehlungen zu geben. Die Schaffung der Rahmenkonvention der Vereinten Nationen über Klimaänderungen (*United Nations Framework Convention on Climate Change*, UNFCCC) im Jahr 1992 und ihre seit 1995 stattfindenden Vertragsstaaten- bzw. Weltklimakonferenzen haben zu einigen klimapolitischen Meilensteinen geführt. Die wichtigsten und bekanntesten sind sicherlich das Kyoto-Protokoll (1997) und das Pariser Klimaschutzabkommen (2015). Doch auch auf zivilgesellschaftlicher Ebene ist Einiges passiert. So haben nicht zuletzt die Demonstrationen der Bewegung *Fridays for Future* Millionen Menschen rund um den Globus in ihren Bann gezogen und die schwedische Aktivistin Greta Thunberg zu einer Ikone der Klimaschutzbewegung gemacht. Zudem sorgte die Bewegung dafür, dass der Diskurs um die Themen Klimawandel und Klimaschutz eine noch breitere gesellschaftliche Verankerung erfuhr. Und trotzdem scheint eines offenkundig zu sein: All diese Aktivitäten reichen nicht aus. Denn die weltweiten Treibhausgasemissionen sind zwischen 1990 und 2019 um ganze 67 % angestiegen. Zwar gab es einen leichten Rückgang im Jahr 2020, dieser ist aber vor allem mit der COVID-19-Pandemie zu erklären (vgl. Crippa et al. 2022).

Die Feststellung, dass es fünf vor zwölf sei und nun endlich entschieden gehandelt werden müsse, um die Klimakatastrophe noch zu verhindern, ist daher allerorten zu vernehmen. Der Name der Klimaaktionsgruppe *Letzte Generation* bezieht sich auf die Wahrnehmung der Aktivistinnen und Aktivisten, Teil der letzten Generation zu sein, die den Klimakollaps noch verhindern könne (vgl. Kienholz 2021). Andere aber resignieren schon: In seinem aufsehenerregenden Papier *Deep Adaptation: A Map for Navigating Climate Tragedy* von 2018 geht der britische Professor und Nachhaltigkeitsexperte Jem Bendell davon aus, dass ein gesellschaftlicher Zusammenbruch aufgrund der Folgen des Klimawandels nunmehr unvermeidlich sei. Bendell sieht hinreichende Beweise dafür, dass die Menschheit sich auf ein unkontrollierbares Ausmaß des Klimawandels einstellen müsse, welches Hunger, Zerstörung, Migration, Krankheit und Krieg mit sich bringt (vgl. Bendell 2018). Aus der Veröffentlichung Bendells ist mittlerweile sogar eine regelrechte Bewegung erwachsen. Das *Deep Adaptation Forum* erfreut sich wachsender Beliebtheit; es handelt sich hierbei um ein Online-Forum, welches nach eigenen Angaben Menschen in allen Lebensbereichen miteinander in Kontakt bringen möchte, um die Zusammenarbeit hinsichtlich der zu erwartenden gesellschaftlichen Eruptionen aufgrund des Klimawandels zu fördern. Die Klimaangst geht also bereits um und scheint auch die reichen Industrieländer des globalen Nordens zu erfassen. Eine Umfrage des Markt- und Meinungsforschungsinstituts *YouGov* aus dem Jahr 2019 ergab, dass bereits etwa 14 % der Deutschen davon ausgehen, dass es bereits zu spät sei, die schlimmsten Auswirkungen des Klimawandels noch zu verhindern. Ähnlich pessimistisch sehen dies auch die Menschen in Italien, Großbritannien, Dänemark und Norwegen. In Frankreich gehen sogar 20 % davon aus, dass beim Klima nichts mehr zu retten sei (vgl. YouGov 2019).

Dabei geht die Angst vor der (ökologischen) Apokalypse stets einher mit einer Furcht vor denjenigen, die als erste vor dieser fliehen müssen, weil ihre Heimstätten überschwemmt, versteppt oder von Wirbelstürmen zerstört wurden. Davon zeugt nicht nur die bereits erwähnte Ballade Franz Hohlers, bei denen sich die Bewohner einer untergegangenen Südseeinsel auf den Weg in Richtung Europa machen. Auch der IPCC ging in einer frühen Einschätzung aus dem Jahr 1990 schon davon aus, dass Migration sich wohl zu der schwerwiegendsten Folge des Klimawandels entwickeln könnte. Bereits seit den 1980er Jahren kursieren Prognosen, wie viele Millionen Menschen aller Voraussicht nach ihre Heimat aufgrund der Auswirkungen der Erderwärmung verlieren werden (vgl. Brown 2008). Besonders erwähnenswert ist die Prognose des renommierten Biodiversitätsforschers Norman Myers von der Universität Oxford, der bereits Mitte der 1990er Jahre zu dem Ergebnis kam, dass bis zum Jahr 2050 etwa 200 Millionen Menschen zu »Klimaflüchtlingen« werden würden (vgl. Myers 1997). Auch wenn diese Prognose und vor allem die ihr zugrundeliegende Methodik inzwischen als nicht mehr haltbar angesehen wird, erfreut sich das »200 Millionen-Szenario« bis heute einer anhaltend großen Beliebtheit bei Klimaaktivisten und -aktivistinnen, Umweltorganisationen oder auch Ministerien – zumeist nach dem Motto: Wenn wir es mit dem Klimaschutz nicht endlich ernster nehmen, dann sind die 200 Millionen aus den besonders von der Klimakrise betroffenen Erdteilen wie Afrika oder Südasien ganz schnell bei uns in Europa (vgl. Schraven 2021). Aber auch in den Medien war die Angst einer ökologisch bedingten Völkerwanderung auch lange vor *Fridays for Future* ein beliebtes Thema. So fragte *Zeit online* schon im Jahr 2009, ob der Klimawandel bald »ganze Völker des Südens zur Flucht nach Norden« treiben würde (vgl. Tenbrock 2009). Die *Financial Times* sah im gleichen Jahr bereits einen »menschlichen Tsunami« auf den globalen Norden zurollen (vgl. Knight 2009).

Die wissenschaftliche Auseinandersetzung mit den Zusammenhängen zwischen Klimawandel und menschlicher Mobilität – dieser Begriff umfasst verschiedene Formen von Migration und Flucht – hat sich in den letzten zwei Jahrzehnten stark intensiviert, was zweifellos mit dem gewachsenen gesellschaftlichen und politischen

Interesse an dem Thema zusammenhängt. So wurden zahlreiche Studien veröffentlicht und etliche Forschungsprojekte ins Leben gerufen. Die Anzahl der wissenschaftlichen Veröffentlichungen, die mit dem Stichwort *Climate migration* versehen waren, hat sich im Zeitraum zwischen 2010 und 2021 mehr als verzehnfacht.[1] Dabei bildete sich in der Forschung ein Konsens heraus, dass die Zusammenhänge zwischen Klimawandel und Migration komplexer sind, als es in der Öffentlichkeit gemeinhin angenommen wird. Die Herausforderung *Klimamigration* bedarf aus wissenschaftlicher Perspektive auf jeden Fall einer differenzierteren Betrachtung. Aber was wissen wir eigentlich genau über die Auswirkungen der Erderwärmung auf Flucht und Migration weltweit? Womit müssen wir in Zukunft noch rechnen? Wie begründet sind die Befürchtungen eines millionenfachen Ansturms von »Klimaflüchtlingen« auf Europa bzw. den globalen Norden? Wie gehen politische Akteurinnen und Akteure eigentlich konkret mit dem Themenkomplex Klimawandel und Migration um? Und: Wie sollten Politik, Gesellschaft und Medien ihren Umgang mit dem Phänomen *Klimamigration* anpassen?

Den genannten Fragen soll im Rahmen dieses Buches nachgegangen werden. Die unterschiedlichen Facetten des Zusammenhangs zwischen der globalen Erwärmung und Migrationsprozessen sollen dabei in verständlicher Sprache, in kompakter Form, aber auch in der notwendigen Detailliertheit geschildert werden. Dieses Buch versteht sich als kleines Sachbuch, welches sich allgemein an eine interessierte Leserschaft richtet, die über keine besonderen Vorkenntnisse verfügen muss, sich aber vor allem für den Zusammenhang zwischen Klimawandel und Migration interessiert. Es verfolgt nicht den Anspruch, ein allumfassendes wissenschaftliches Nachschlagewerk zu dem Thema zu sein. Daher wurden für dieses Buch nicht allein wissenschaftliche Quellen bzw. Referenzen

1 Betrug die Anzahl der entsprechenden Publikationen im Jahr 2010 noch 109, so waren es elf Jahre später schon 1410 – mit nahezu kontinuierlichem Wachstum in den Jahren dazwischen (Quelle: Eigene Recherche auf Google Scholar mit dem Stichwort *Climate migration*, durchgeführt am 13.06.2022; siehe auch unten).

herangezogen, welche in vielen Fällen nicht ohne Bezahlung oder Abonnement abgerufen werden können. Vielmehr wurden an einigen Stellen frei im Internet zugängliche Texte und Datenquellen herangezogen, nicht zuletzt auch, um ein tieferes Eintauchen in bestimmte Aspekte, die in diesem Buch aufgeworfen werden, zu vereinfachen. Insgesamt soll ein aktueller Kenntnisstand zu einem komplexen Thema vermittelt werden – nicht mehr, aber auch nicht weniger. Da nicht alle Fachbegriffe immer bzw. immer wieder erklärt werden müssen, gibt es auch ein kleines Glossar.

Vom Klimawandel zur Klimakrise – eine immer konkretere Bedrohung

Die in der Bevölkerung herrschenden Zweifel, ob der Klimawandel real und tatsächlich menschengemacht ist, haben in den letzten Jahren aus guten Gründen deutlich nachgelassen. Tatsächlich fällt es wohl immer schwerer, den Zusammenhang zwischen weltweiten Treibhausgasemissionen und globaler Erwärmung zu leugnen. Gerade in der Wissenschaft sind Meinungen, die einen Zusammenhang nicht oder kaum sehen, mittlerweile als außerordentliche Exotenmeinungen zu betrachten. Dies kann man auch schwarz auf weiß haben: In einer Studie aus dem Jahr 2021 (vgl. Lynas et al. 2021) analysieren die Autoren auf der Grundlage eines Datensatzes von fast 90.000 klimabezogenen wissenschaftlichen Publikationen, die seit 2012 veröffentlicht wurden, eine Stichprobe von 3.000 dieser Aufsätze und sonstiger Publikationen. Die Autoren kommen zu dem Ergebnis, dass bei diesen 3.000 Publikationen ganze vier Arbeiten zu finden sind, die den Zusammenhang zwischen menschengemachten Treibhausgasemissionen und klimatischen Veränderungen implizit oder explizit skeptisch betrachten. Wird diese Studie als Maßstab genommen, so lässt sich festhalten, dass der wissenschaftliche Konsens über den vom Menschen verursachten Klimawandel innerhalb der relevanten wissenschaftlichen Literatur bei über 99 % liegt.

In der historischen Betrachtung kommt den alten Industrieländern Europas und Nordamerikas sicherlich die Hauptlast hinsichtlich der Treibhausgasemissionen zu, da diese Länder seit dem Anbeginn der industriellen Revolution im späten 18. und frühen 19. Jahrhundert auf fossile Brennstoffe gesetzt haben. Allerdings haben andere Länder wie China oder auch Indien in Sachen Treibhausgase in den letzten Jahrzehnten »aufgeholt«, während die Emissionen der Vereinigten Staaten von Amerika oder der Staaten der Europäischen Union (minimal) gesunken sind. Abbildung 1 zeigt ebenfalls, dass sich der globale Ausstoß von Treibhausgasen – hier gemessen im Ausstoß von CO_2 – in den letzten fünf Jahrzehnten mehr als verdoppelt hat. Zwar gibt es immer wieder Emissionsrückgänge wie etwa im Jahr 2008 aufgrund der weltweiten Finanzkrise oder während des ersten Jahres der COVID-19-Pandemie 2020; diese erwiesen sich allerdings schnell als »Dellen« im generellen Aufwärtstrend des Treibhausgasausstoßes. Das im Pariser Klimaschutzabkommen von 2015 vereinbarte baldige Erreichen eines Scheitelpunktes bezüglich der weltweiten Emissionen, um das große Ziel einer Begrenzung des Anstiegs der globalen Durchschnittstemperatur von nicht mehr als 1,5 Grad gegenüber dem vorindustriellen Zeitalter zu erreichen, scheint noch nicht wirklich bevorzustehen (vgl. Bundesministerium für Wirtschaft und Klimaschutz 2023).

Dabei wurde der Klimawandel in den vergangenen Jahren bereits von einer bisher nie dagewesenen Dynamik gekennzeichnet, bei der zum Teil starke Veränderungen langjähriger Muster immer spürbarer in den Vordergrund treten. Sowohl die Weltorganisation für Meteorologie (WMO) mit jährlichen Berichten als auch das IPCC mit langfristigen, zyklischen Bewertungen ergänzen sich gegenseitig, um grundlegende Informationen über den Zustand unseres globalen Klimas im Allgemeinen, regional auftretende Variationen, die Entwicklung von klimatischen Schwankungen sowie das Auftreten von Extremereignissen zu präsentieren. Die Ergebnisse von WMO und IPCC sprechen dafür, dass die globale Durchschnittstemperatur momentan circa 1,15 °C über dem Niveau der Jahre 1850–1900 liegt, wobei es eine Schwankungsbreite von 0,13 °C gibt. Damit sind die acht Jahre zwischen 2015 und 2022 die bisher wärmsten in der Geschichte der Temperatur- und Klimamessungen. Das Jahr 2022 wird vermutlich als das fünft- oder sechstwärmste in der Geschichte eingehen (vgl. WMO 2022a). Eine Erwärmung auf 1,5 °C ist damit nicht mehr allzu weit entfernt, wobei in allen Szenarien von 1,2 °C bis hin zu 4,5 °C sehr hohe Risiken für das menschliche Zusammenleben vorhergesagt werden (vgl. IPCC 2022). Das Jahr 2022 war dabei erneut durch ein Rekordniveau gekennzeichnet (vgl. WMO 2022a).

Abbildung 1: Weltweite CO_2-Emissionen seit 1970 (in Millionen Tonnen)

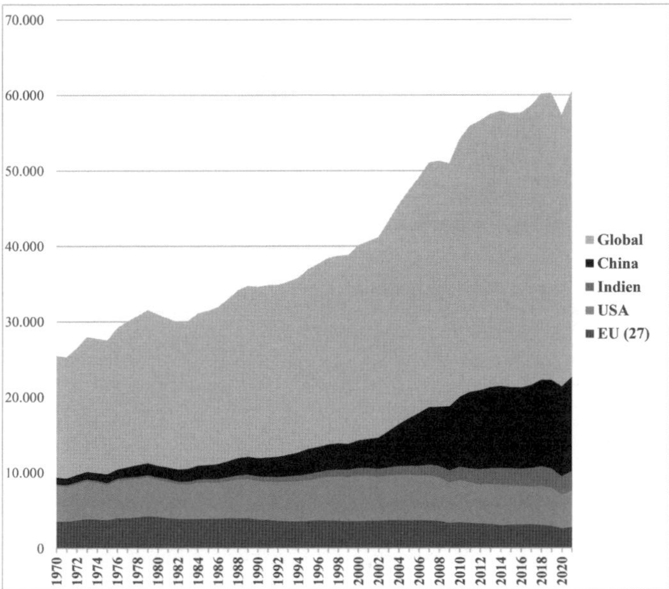

Quelle: Eigene Darstellung, basierend auf Crippa et al. (2022)

Und welche konkreten Auswirkungen zeichnen sich anhand dieser wenig optimistisch stimmenden Entwicklung beim weltweiten Treibhausgasausstoß ab? Der im Jahr 2022 erschienene jüngste Sachstandsbericht zum Themenkomplex Auswirkungen des Klimawandels, Anpassung und Vulnerabilität des IPCC (2022), welcher seit über drei Jahrzehnten den Stand der Forschung zum Klimawandel und seinen Auswirkungen zusammenfasst, und den Anspruch hat, wissenschaftsbasierte Entscheidungshilfen für die Politik anzubieten, spricht da eine eindeutige Sprache. Die Ergebnisse des Sachstandsberichts verdeutlichen, warum einige Akteurinnen und

Akteure in Medien, Gesellschaft und Politik bereits seit einiger Zeit eher von Klimakrise statt Klimawandel sprechen. Eine häufig geäußerte Begründung hierfür ist, dass der Begriff Klimawandel nicht deutlich genug zum Ausdruck bringe, in welcher Gefahr sich die Menschheit befinde (vgl. Pallinger 2021). Und genau das unterstreicht (leider) auch der IPCC.

Mit hoher oder zumindest mittlerer statistischer Sicherheit kommen die IPCC-Expertinnen und -Experten zu folgenden Hauptschlussfolgerungen: Der vom Menschen verursachte Klimawandel – der weit über das Maß erwartbarer, natürlicher Klimaschwankungen hinausgeht – führt zu häufigeren und intensiveren Extremereignissen sowie zu weitreichenden und schweren Verlusten und Schäden sowohl für Natur als auch Mensch. In allen Weltregionen sind die am meisten vulnerablen Menschen und Systeme unverhältnismäßig stark von den Auswirkungen klimatischen Wandels betroffen. Die Zunahme von Wetter- und Klimaextremen hat bereits heute zu einigen irreversiblen Auswirkungen geführt, die natürliche und menschliche Systeme über ihre Anpassungsfähigkeit hinaus belasten werden – auch wenn Bemühungen, sich anzupassen, die Anfälligkeit für die Auswirkungen der globalen Erwärmung durchaus noch verringern können.

Im Einzelnen ist ein Anstieg der Häufigkeit wie auch der Intensität von Klima- und Wetterextremen, einschließlich Hitzeextreme an Land und im Meer, Starkniederschlagsereignisse und Dürren zu beobachten. Zudem ist seit Januar 2020 der globale Meeresspiegel um fast 10 mm gestiegen. Die steigenden Temperaturen haben ebenfalls großen Einfluss auf den hydrologischen Kreislauf, insbesondere auf die Erwärmung der Ozeane und das Schmelzen von Eismassen, was wiederum den Meeresspiegelanstieg vorantreibt. Zudem sind weltweit starke Schwankungen in den Niederschlagsregimen zu beobachten, die einerseits eine steigende Wahrscheinlichkeit für das Auftreten von Dürren und langanhaltenden Trockenperioden in einigen Regionen mit sich bringen. Auf der anderen Seite bedeuten diese Anomalien allerdings auch, dass Extremereignisse wie Starkregenereignisse, Zyklone, Überschwemmungen, oder Tsunamis ebenfalls vermehrt vorkommen werden. Seit dem letzten IPCC-Sachstandsbericht im Jahr 2014 können diese beobachteten

Auswirkungen mit noch größerer Sicherheit als menschengemacht betrachtet werden. Zu den Auswirkungen gehören eine erhöhte hitzebedingte Sterblichkeit bei Menschen, eine zunehmende Korallenbleiche und -sterblichkeit sowie eine gestiegene Baumsterblichkeit aufgrund von Dürren. Darüber hinaus gibt es eine Zunahme von durch Waldbrände betroffene Gebiete. Gerade auch die negativen Auswirkungen tropischer Wirbelstürme und der Zunahme von Starkregenereignissen lassen sich weltweit beobachten. Aber auch die Auswirkungen auf ökologische und menschliche Systeme durch schleichende bzw. langsam einsetzende Umweltveränderungen wie etwa eine Versauerung der Weltmeere, Meeresspiegelanstieg oder regionalem Rückgang der Niederschläge wiegen immer schwerer und können ebenfalls mit zunehmender Sicherheit als Auswirkungen menschengemachten Klimawandels betrachtet werden. Der Klimawandel verursacht erhebliche Schäden und zunehmend irreversible Verluste auch in den Ökosystemen von Seen und Flüssen, denen von Küstenbereichen als auch denen der Ozeane. Gerade diese Auswirkungen des Klimawandels sind schwerwiegender als bisher angenommen hinsichtlich der Verschlechterung der Ökosystemstruktur und -funktion, deren Widerstandsfähigkeit und natürlichen Anpassungsfähigkeit. Insgesamt überwiegen die Schäden bei Tier- und Pflanzenarten: Etwa die Hälfte der weltweit vom IPCC untersuchten Arten wandert aufgrund der Auswirkungen des Klimawandels zunehmend landeinwärts, in höhere Lagen oder in Richtung der Pole. Der Verlust hunderter, nur in sehr engen lokalen oder regionalen Grenzen vorkommender Arten ist auf die Zunahme von Hitzeextremen oder den Verlust von Seetangwäldern zurückzuführen. Veränderungen infolge des weltweiten Schmelzens von Gletschern oder durch das Auftauen des Permafrosts führen ebenso zu tiefgreifenden Veränderungen von Gebirgs- und arktischen Ökosystemen.

Die durch den Klimawandel hervorgerufene Zunahme der Häufigkeit sowie der Intensität von Extremereignissen bzw. Wetterextremen hat schon heute die Ernährungs- und Wassersicherheit weltweit verschlechtert und untergräbt immer mehr auch die Bemühungen um eine nachhaltige Entwicklung. Obwohl die landwirtschaftliche Produktivität weltweit insgesamt gestiegen ist, hat der Klimawandel dieses Wachstum in den letzten 50 Jahren weltweit verlangsamt. Dies betrifft vor allem die Landwirtschaft in tropischen und subtropischen Regionen, während die näher an den Polen gelegenen Klimazonen zum Teil von den klimatischen Veränderungen und deren Auswirkungen sogar profitieren. Die zunehmende Erwärmung und Versauerung der Weltmeere hat sich in einigen Weltregionen bereits negativ auf Fischerei und Aquakulturen ausgewirkt. Ungefähr die Hälfte der Weltbevölkerung leidet zumindest für einen Teil des Jahres unter schwerer Wasserknappheit, was aber auch durch nicht-klimawandelbezogene Faktoren verstärkt wird. Der Klimawandel trägt insgesamt stark dazu bei, dass humanitäre Krisen entstehen bzw. verschlimmert er diese.

Der Klimawandel beeinträchtigt die physische und die psychische Gesundheit von Menschen allerdings nicht nur durch seine Auswirkungen auf Wasserverfügbarkeit und Nahrungsmittelproduktion. In allen Weltregionen haben extreme Hitzeereignisse zum Tod von Menschen geführt bzw. die Sterblichkeit gesteigert. Auch hat der Klimawandel bereits zu einer Zunahme von durch Nahrungsmittel oder Wasser übertragene Krankheiten geführt. Ähnliches gilt für durch Zecken oder Stechmücken übertragene Krankheiten, wie etwa Malaria. Krankheiten bei Tier und Mensch treten in Regionen auf, wo sie bis dato nicht bekannt waren. Auch das Risiko von Zoonosen – also von wechselseitig zwischen Tieren und Menschen übertragenen Krankheiten – steigt an. Obwohl schwere Durchfallerkrankungen weltweit rückläufig sind, führen höhere Temperaturen, vermehrter Regen und Überschwemmungen zu einer höheren Wahrscheinlichkeit des Auftretens von Durchfallerkrankungen, einschließlich Cholera, und andere Entzündungskrankheiten des Magen-Darm-Bereichs. Der vermehrt von Waldbränden verursachte Rauch sowie freigesetzter atmosphärischer Staub und Inhalationsallergene erhöhen das Risiko von Herz-Kreislauf- oder Lungenerkrankungen. Auch psychische Gesundheitsprobleme werden durch den Klimawandel hervorgerufen bzw. verstärkt – etwa Traumata, die durch die Erfahrungen mit Wetter- und Klimaextremereignissen ausgelöst werden können, oder nicht-physische Belastungen, die entstehen können durch den Verlust von Lebengrundlagen oder sozio-kulturellen Wurzeln. Das weltweite

Gesundheitswesen wird zunehmend durch die globale Erwärmung in Mitleidenschaft gezogen.

Gerade Städte werden durch die Auswirkungen des Klimawandels vor allem in den Bereichen Gesundheit, Wirtschaft und urbane Infrastruktur bedroht. Hitzeextreme haben sich in (Innen-)Städten weltweit signifikant verstärkt, was dazu führt, dass beispielsweise auch die Luftverschmutzung angestiegen ist. Vor allem wirtschaftlich und sozial marginalisierte Bewohnerinnen und Bewohner der Städte, die nicht selten in Slums bzw. in informellen Siedlungen leben, sind auch hier die Hauptleidtragenden. Die Infrastruktur der Städte in so unterschiedlichen Bereichen wie Verkehr, Trinkwasserversorgung, Abwasser oder Strom/Energie wird durch schleichende bzw. langsam einsetzende Klimawandeleffekte zunehmend beeinträchtigt, was vermehrt wirtschaftliche und gesundheitliche Einbußen nach sich zieht.

Insgesamt sind die zu beobachtenden globalen wirtschaftlichen Auswirkungen des Klimawandels negativ. Zwar gibt es auch Regionen, die von den Folgen der Erderwärmung profitieren (siehe oben) – etwa durch einen geringeren Energiebedarf, Vorteile für die Agrarproduktion oder den Tourismus – insgesamt überwiegen jedoch die wirtschaftlichen Schäden in Land- und Forstwirtschaft, Fischerei, Energie oder im Tourismus. Schon einige Extremwetterereignisse wie tropische Wirbelstürme allein haben das Potential, zumindest kurzfristig das Wirtschaftswachstum einer ganzen Region deutlich zu verringern. Auch nicht-klimatische Faktoren wie die geographische Lage menschlicher Siedlungen oder die Beschaffenheit von Infrastruktur tragen dazu bei, dass rund um den Globus immer mehr Vermögenswerte extremen Klimagefahren ausgesetzt sind.

Aber auch nicht-klimatische, vom Menschen verursachte Prozesse von Umweltzerstörung bzw. Umweltwandel verschärfen die aktuelle Anfälligkeit von ökologischen und sozialen Systemen gegenüber dem Klimawandel. Zu diesen Prozessen zählen etwa eine nicht-nachhaltige Nutzung natürlicher Ressourcen, der Ausstoß von Schadstoffen, nicht- oder nur wenig nachhaltige Praktiken der Landnutzung, Entwaldung, Bodenversiegelung oder der – oftmals mit diesen Prozessen einhergehende – Verlust von Biodiversität. Teil des Problems ist ebenfalls, dass weltweit nur weniger als

15 % der Landfläche, gut 20 % der Süßwassergebiete und 8 % der Meeresgebiete Schutzgebiete sind. Hinzu kommt, dass es in den meisten Schutzgebieten keine ausreichenden Mechanismen oder Kapazitäten gibt, die der Bedrohung dieser Gebiete durch Klima- und/oder Umweltwandel wirksam etwas entgegensetzen könnten. Der Verlust von Ökosystemen hat langfristige Auswirkungen auf die Menschen weltweit, insbesondere für indigene Völker und lokale Bevölkerungen, die direkt von diesen Ökosystemen leben. Es ist zu befürchten, dass ein fortschreitender Klimawandel, kombiniert mit anderen Prozessen zu einer weiteren schwerwiegenden Degradierung eines Großteils der heute weltweit noch existierenden Wälder, Korallenriffe und Küstenfeuchtgebiete führen könnte.

Die menschliche Verwundbarkeit wird sich weiterhin vor allem dort konzentrieren, wo die Kapazitäten nationaler Regierungen, Behörden und Kommunen sowie des Privatsektors und der Zivilgesellschaft am wenigsten in der Lage sind, Leistungen für die Daseinsfürsorge bereitzustellen. Der globale Megatrend der Urbanisierung – seit 2008 leben zum ersten Mal in der Geschichte der Menschheit mehr Menschen in Städten als in ländlichen Räumen – wird sich durch die menschliche Verwundbarkeit auch auf informelle Siedlungen und schnell wachsende kleinere Siedlungen konzentrieren. Wichtige Infrastrukturen wie sanitäre Einrichtungen, Wasser, Gesundheit, Verkehr, Kommunikation und Energie werden immer anfälliger, wenn sie nicht an die sich ändernden Klimabedingungen angepasst werden.

Viele Regionen und Länder des Globalen Südens weisen eine hohe Vulnerabilität gegenüber klimatischen Gefahren auf. *Global Hotspots* hoher menschlicher Vulnerabilität befinden sich damit insbesondere in West-, Zentral- und Ostafrika, Südasien, Mittel- und Südamerika, kleinen Inselstaaten (vor allem die sogenannten *Small Island Developing States* im Pazifik und der Karibik) und auch in der Arktis. Die Vulnerabilität ist an jenen Orten oder Kontexten am größten, die von Armut, politischen Herausforderungen, einem begrenzten Zugang zu grundlegenden Dienstleistungen und Ressourcen, gewalttätigen Konflikten und einem hohen Maß an klimasensiblen Lebensgrundlagen (das betrifft vor allem kleinbäuerliche Familien, pastoralistische Gruppen bzw. Viehnomadinnen und -nomaden oder Fischergemeinschaften) geprägt sind. Zwischen den Jahren 2010 und 2020 war die menschliche Sterblichkeit durch Überschwemmungen, Dürren und Stürme in den erwähnten vulnerablen Regionen 15-mal höher als in Regionen mit sehr geringer Vulnerabilität. Die durch den Klimawandel verursachten Probleme werden durch soziale Herausforderungen und Marginalisierung aufgrund von Faktoren wie Geschlecht, ethnischer Zugehörigkeit, niedrigem Einkommen sowie einer Kombination dieser Faktoren weiter verschärft. Dies bedeutet, dass innerhalb der besonders von den Auswirkungen des Klimawandels betroffenen Weltregionen vor allem indigene Bevölkerungsgruppen, generell Menschen mit niedrigem Einkommen, Kinder, ältere Menschen oder schwangere Frauen von klimawandelbedingten Risiken wie Nahrungsmittelunsicherheit betroffen sind.

Die Ausprägungen der jeweiligen Klimarisiken bzw. der Folgen des Klimawandels sind regional sehr unterschiedlich ausgeprägt. Hinsichtlich der regionalen Auswirkungen kommt die WMO (vgl. WMO 2022a,b,c,d) zu folgenden Schlüssen: Besonders schlimm von den steigenden Temperaturen war im Jahr 2022 Südasien betroffen, als die Periode vor dem Monsun in Indien und Pakistan zu Rekordtemperaturen und lange andauernden Hitzewellen führte. Dies ging einher mit massiven Ernteausfällen aufgrund der Trockenheit. Am Beispiel Pakistans und Indiens, zwei der am meisten von derartigen Extremereignissen betroffenen Länder weltweit, lässt sich der Zusammenhang und die Komplexität der aktuellen klimatischen Vorkommnisse gut einordnen. Nach den angesprochenen Hitzewellen war die Monsunperiode in Indien, Pakistan, aber auch Bangladesch und Afghanistan von extremen Überschwemmungen gekennzeichnet. Diese führten sogar dazu, dass Mitte August bis zu 9 % der gesamten Landesfläche von Pakistan unter Wasser stand. Generell zählt Asien, insbesondere Süd- und Südostasien, zu den am stärksten von den Klimawandelfolgen gefährdeten Regionen weltweit. Hauptverantwortlich dafür sind insbesondere regelmäßig wiederkehrende Stürme und Überschwemmungen, wobei in diese Kategorie auch Tsunamis und Zyklone fallen. Entsprechend hoch sind die ökonomischen und sozialen Folgeschäden: Im Jahr 2021 waren 48,3 Millionen Menschen von diesen Gefahren betroffen – mit einem ökonomischen Schaden von 35,6 Milliarden USD.

Obwohl Afrika von allen Großregionen für die wenigsten Emissionen verantwortlich ist, so war der Kontinent bereits überproportional von verschiedensten Klimarisiken betroffen, und wird auch in Zukunft einer der Klima-Hotspots bleiben (vgl. IPCC 2022). Hier sind die – auch zu erwartenden zukünftigen – Ausprägungen in den verschiedenen afrikanischen Regionen jedoch sehr unterschiedlich: Während der östliche Sahel, das küstennahe Ostafrika sowie Zentralafrika in Zukunft gar mit erhöhten Regenfallmengen rechnen könnten, müssen sich große Teile des südlichen Afrikas sowie das küstennahe Nordafrika auf verringerte Regenmengen und erhöhte Dürregefahren einstellen. Entgegen solcher Voraussagen – und damit ein gutes Beispiel für die aktuelle Unberechenbarkeit des Klimawandels – erlebte vor allem Ostafrika eine anhaltende Dürre. Mehrere aufeinanderfolgende Regenperioden wiesen sehr unterdurchschnittliche Regenfallmengen auf. Damit ist insbesondere die Nahrungsmittelsicherheit derzeit akut gefährdet. Gerade im südlichen und südöstlichen Afrika sind zudem Zyklone ein wiederkehrendes Problem.

In Europa war der Klimawandel in den vergangenen Jahren vor allem in den Alpinregionen sowie im Mediterranen Raum zu spüren. In der Schweiz sind von 2021 bis 2022 ganze 6 % des Gletschervolumens verschwunden, verursacht durch ein massives Schmelzen aufgrund langanhaltender warmer Temperaturen im Sommer. Die heißen Temperaturen führten in Europa darüber hinaus zu langen Dürreperioden sowie einer starken Zunahme von Waldbränden, die insbesondere im südlichen Europa wüteten. Im Vergleich zu anderen Großregionen kommt Europa dagegen in Bezug auf Extremereignisse und deren ökonomische Schäden noch recht gut davon, im Jahr 2021 waren 510.000 Menschen betroffen (vgl. WMO 2022d), verglichen mit beispielsweise 14,3 Millionen Menschen im pazifischen Raum (vgl. WMO 2022e). Diese letztgenannte Region ist dabei besonders stark durch Extremereignisse gefährdet, insbesondere bezogen auf Stürme und Überschwemmungen, wobei auch der überdurchschnittliche Meeresspiegelanstieg – im Vergleich zum globalen Mittel – eine große Rolle spielt (vgl. WMO 2022e). Die vom IPCC identifizierten klimabedingen Schlüsselrisiken werden in *Tabelle 1* zusammengefasst.

Tabelle 1: Regionale Klimarisiken

Afrika	Artensterben und teilweise unumkehrbarer Verlust von Ökosystemen und ihren Dienstleistungen, einschließlich Süßwasser-, Land- und Meeresökosystemen
	Gefährdung der Ernährungssicherheit, Risiko der Unterernährung (Mikronährstoffmangel) und des Lebensunterhalts aufgrund einer verringerten Nahrungsmittelproduktion durch Ackerbau, Viehzucht und Fischerei
	Risiken für die Gesundheit des Meeresökosystems und für die Lebensgrundlagen der Küstengemeinden
	Erhöhte menschliche Sterblichkeit und Morbidität aufgrund von Hitze und Infektionskrankheiten
	Verringerung der Wirtschaftsleistung und des Wirtschaftswachstums sowie Zunahme von Ungleichheit und Armut
	Erhöhtes Risiko für die Wasser- und Energiesicherheit aufgrund von Dürre und Hitze

Asien	Schäden an der städtischen Infrastruktur und Auswirkungen auf das menschliche Wohlbefinden und die Gesundheit durch Überschwemmungen, insbesondere in Städten und Siedlungen an der Küste
	Verlust der biologischen Vielfalt und Verschiebung von Lebensräumen sowie damit verbundene Störungen in abhängigen menschlichen Systemen in Süßwasser-, Land- und Meeresökosystemen
	Korallenbleiche und Korallensterben verursacht durch die Erwärmung und Versauerung der Ozeane, den Anstieg des Meeresspiegels, marine Hitzewellen und Ressourcenabbau
	Rückgang des Fischbestandes v.a. in Küstengebieten aufgrund des Meeresspiegelanstiegs
	Niederschlagsrückgang in einigen Gebieten und Temperaturanstieg
	Gefährdung der Lebensmittel- und Sicherheit der Wasserversorgung durch zunehmende Temperaturextreme, Niederschlagsschwankungen und Dürre
Australasien	Verschlechterung der tropischen Flachwasserkorallenriffe und der damit verbundenen biologischen Vielfalt und Werte von Ökosystemleistungen
	Verlust menschlicher Siedlungen und küstennaher Ökosysteme in niedrig gelegenen Küstengebieten durch den Anstieg des Meeresspiegels
	Auswirkungen auf Lebensgrundlagen und Einkommen aufgrund des Rückgangs der landwirtschaftlichen Produktion
	Zunahme der hitzebedingten Mortalität bei Menschen und Wildtieren
	Verlust der Artenvielfalt in Gebirgen aufgrund von weniger Schnee

Zentral- und Südamerika	Erhöhte Risiken für die Sicherheit der Wasserversorgung
	Schwere gesundheitliche Auswirkungen durch zunehmende Epidemien
	Verschlechterung der Korallenriff-Ökosysteme durch Korallenbleiche
	Gefährdung der Ernährungssicherheit durch häufigere und extreme Dürreperioden
	Erhöhte menschliche Unsicherheit und Schäden bei der Infrastruktur durch Überschwemmungen, Erdrutsche, Meeresspiegelanstieg, Sturmfluten und Küstenerosion
Europa	Erhöhte Risiken für Menschen, Wirtschaft und Infrastrukturen aufgrund von Überschwemmungen an den Küsten und im Binnenland
	Mehr Stress und eine erhöhte Sterblichkeit für Menschen aufgrund steigender Temperaturen und extremer Hitzeperioden
	Beeinträchtigung mariner und terrestrischer Ökosysteme
	Erhöhte Risiken durch Wasserknappheit
	Verluste in der Pflanzenproduktion aufgrund von Hitze und Trockenheit sowie Extremwetterereignissen

Nordamerika	Risiken für die psychische Gesundheit und erhöhte Sterblichkeit aufgrund steigender Durchschnittstemperaturen und Wetter- und Klimaextreme
	Gefahr der Verschlechterung von Meeres-, Küsten- und Landökosystemen, einschließlich des Verlusts der biologischen Vielfalt
	Gefährdung der Süßwasserressourcen mit Folgen für die Ökosysteme sowie geringere Verfügbarkeit von Oberflächenwasser für die Bewässerungslandwirtschaft und andere menschliche Nutzungen sowie eine verschlechterte Wasserqualität
	Gefährdung der Ernährungssicherheit durch Veränderungen in der Landwirtschaft, Viehzucht, Jagd, Fischerei und Aquakultur
	Risiken für das Wohlergehen, den Lebensunterhalt und generell wirtschaftliche Aktivitäten durch komplexe Klimarisiken, v.a. für Küstenstädte, küstennahe Siedlungen und Infrastruktur durch den Anstieg des Meeresspiegels
Kleine Inseln/ Inselstaaten	Verlust der biologischen Vielfalt an Land, im Meer und an den Küsten sowie von Ökosystemleistungen
	Verlust von Menschenleben und von Vermögenswerten, Gefährdung der Ernährungssicherheit und wirtschaftlicher Wertschöpfung aufgrund von Zerstörung von Siedlungen und Infrastruktur
	Wirtschaftlicher Niedergang und Zusammenbruch der Lebensgrundlagen in Fischerei, Landwirtschaft, Tourismus und durch den Verlust der biologischen Vielfalt in traditionellen Agrarökosystemen
	Verstärkte Abwanderung
	Gefährdung der Sicherheit der Wasserversorgung auf fast allen kleinen Inseln

Quelle: IPCC 2022, 17

Insgesamt werden die Auswirkungen und Risiken des Klimawandels immer komplexer und schwieriger zu handhaben – zumal immer öfter mehrerer Klimarisiken gleichzeitig auftreten und auch die Interaktionen mehrere klimatischer und nicht-klimatischer Risiken zusammenkommen. Diese Vermischung erhöht das Gesamtrisiko und beeinträchtigt bisweilen ganze Regionen. Wenn die globale Erwärmung in den kommenden Jahrzehnten tatsächlich die Grenze einer Erwärmung von 1,5 °C gegenüber dem vorindustriellen Zeitalter überschreitet, dann werden viele menschliche und natürliche Systeme im Vergleich zu einem Nichtüberschreiten der 1,5 °C-Marke zusätzlichen schwerwiegenden Risiken ausgesetzt sein. Je nach Ausmaß dieser Überschreitung würden einige Auswirkungen zur Freisetzung zusätzlicher Treibhausgase führen, viele schreckliche klimatische Kipppunkte überschritten werden. Wenn diese Kipppunkte überschritten werden, könnte die Durchschnittstemperatur sogar weit über 2 oder 3 °C hinausgehen bzw. Klimarisiken exorbitant erhöhen. Das großflächige Tauen von Permafrostböden, ein stetes Fortschreiten des Verlusts von tropischen Regenwäldern oder ein weitestgehendes Abschmelzen des arktischen Meereises wären solche Kipppunkte. Die Wahrscheinlichkeit für das Auftreten derartiger Klimarisiken steigt global an und ist mittlerweile überall auf der Welt spürbar (vgl. IPCC 2022).

Das alles stimmt nicht sonderlich optimistisch. Können wir uns aber eine Welt von deutlich jenseits der 1,5 °C-Erhitzung überhaupt vorstellen? 2017 veröffentlichte der Journalist David Wallace-Wells im *New York Magazine* einen Aufsatz mit dem Titel *The Uninhabitable Earth* (Die unbewohnbare Erde). Der Aufsatz gleicht einer Schreckensvision und erregte die Aufmerksamkeit der breiten Öffentlichkeit. Denn das Bild, welches Wallace-Wells von der überhitzten Erde zeichnet, beinhaltet unter anderem globale Nahrungsmittelkrisen, untergegangene Städte, Landstriche, die aufgrund von Hitze oder »Todessmog« nicht mehr bewohnt werden können oder Klimakriege.

Grundlage für derlei Szenarien ist wohl vor allem das sogenannte RCP 8.5-Szenario, dass neben einigen anderen RCP-Szenarien bereits für den 5. Sachstandsberichts des IPCC (2014) entwickelt wurde. RCP steht dabei für *representative concentration pathways* (repräsentative Konzentrationspfade), wobei repräsentativ sich darauf bezieht, dass jedes RCP einen Strang von ähnlichen Emissionsszenarien der Forschung darstellt. Der Begriff Konzentrationspfad wiederum bezieht sich darauf, dass die Szenarien auf ausgewählten zeitlichen Abläufen der Treibhausgas-Konzentrationen basieren. Der Zahlenwert, die 8,5 also im Fall von RCP 8.5, bedeutet nicht, dass bei diesem Szenario bis zum Ende des 21. Jahrhunderts mit einem Temperaturanstieg von 8,5 °C gerechnet werden muss. Vielmehr bezieht sich der Zahlenwert auf den sogenannten Strahlungsantrieb, welcher die Änderung der Energiebilanz der Erde durch Änderung der Strahlungswirkung aus dem Weltraum misst (meist in Watt pro m^2). Für RCP 8.5 wären dies durch erhöhte Treibhausgaskonzentrationen dementsprechend 8,5 Watt pro m^2. Beim Szenario RCP 8.5 würde der Anstieg der weltweiten Durchschnittstemperatur bis zum Jahr 2100 bis zu 4,8 °C im Vergleich mit der unmittelbaren Zeit vor der industriellen Revolution betragen. Xu et al. (2020) haben in einer bemerkenswerten Studie aufgezeigt, dass je nach zukünftigem Bevölkerungswachstum und spezifischen Klimafolgen in den kommenden 50 Jahren voraussichtlich 1 bis 3 Milliarden Menschen außerhalb der Klimabedingungen leben werden, die der Menschheit in den letzten 6.000 Jahren gute Dienste geleistet haben.

Hat Jem Bendell (siehe oben) im Endeffekt also recht und müssen wir – frei nach Dantes *Göttlicher Komödie* – feststellen, dass wir, die wir nun alle endgültig in das Zeitalter der Klimakrise eintreten, alle Hoffnung fahren lassen müssen? Das wäre wohl verfrüht. Das RCP 8.5-Szenario, welches auch im Hinblick auf die weltweiten Treibhausgasemissionen als »Weiter so wie bisher«-Szenario bekannt wurde, hat nach Einschätzung kritischer Stimmen einige Konstruktionsfehler und gilt in der Klimaforschung mittlerweile als überholt. Moderatere Szenarien wären demnach zwar deutlich realistischer, würden aber immer noch bedeuten, dass ein durchschnittlicher globaler Temperaturanstieg von jenseits der 1,5 °C gegen Ende des 21. Jahrhunderts deutlich überschritten werden würde (vgl. Hausfather und Peters 2020; Weiß 2020).

So oder so ist die Lage ernst und wir alle müssen uns auf schwerwiegende Folgen der Klimakrise in der Zukunft einstellen. Wie sich die Klimakrise genau entwickeln wird, ist durchaus auch noch vom

Treibhausgeschehen der nächsten Jahre und Jahrzehnte abhängig. Die Frage der wirtschaftlichen, politischen oder gesellschaftlichen Folgen der Klimakrise in den nächsten Jahrzehnten kann zu diesem Zeitpunkt nicht seriös beantwortet werden. Gut beraten sind wohl alle, die weder die unmittelbar bevorstehende Apokalypse noch ein »Wird wohl schon nicht so schlimm werden« erwarten.

Das globale Migrationsgeschehen: Trends und Erklärungsversuche

Neben dem Klimawandel und der Digitalisierung gehören die vielfältigen Herausforderungen der Migration sicherlich zu den bestimmenden Megatrends des 21. Jahrhunderts. Es lohnt sich dabei, diese Herausforderungen erst einmal losgelöst von den Effekten der globalen Erwärmung auf Flucht und Migration zu betrachten. Im folgenden Kapitel sollen dementsprechend globale Migrationstrends, Migrationstheorien und auch das besondere Verhältnis zwischen Entwicklung und Migration skizziert werden. Ein Verständnis für diese grundlegenden Migrationssachverhalte erleichtert das Verständnis für die Phänomene klimabezogener Mobilität.

Weltweite Migrationstrends

Spätestens seit der sogenannten Flüchtlingskrise des Jahres 2015, als knapp 1 Million Menschen vor allem aus Syrien, dem Irak und Afghanistan als Geflüchtete in die Europäische Union kamen, fühlen sich viele Menschen in Deutschland und der Europäischen Union so, als würde die halbe Welt auf gepackten Koffern sitzen, um nur bei nächstbester Gelegenheit in Richtung des alten Kontinents aufzubrechen. Die Angst vor dem nächsten großen Ansturm und vor Überfremdung hat sicherlich – gerade in Deutschland – rechtspopulistische Kräfte gestärkt (siehe auch unten).

Ein Blick auf die verfügbaren Daten und Trends hinsichtlich des globalen Migrationsgeschehens relativiert diese Narrative.

Eine wichtige Quelle sind hier die Daten der Hauptabteilung Wirtschaftliche und Soziale Angelegenheiten der Vereinten Nationen (UNDESA). Deren Daten geben den Bestand an internationalen Migrantinnen und Migranten wieder. Eine Migrantin bzw. ein Migrant wird dabei definiert als »jede Person, die ihr Land des üblichen Aufenthaltsorts ändert« (vgl. UNDESA 1998). Es sind genau genommen Angaben über die Gesamtzahl internationaler Migrantinnen und Migranten, die sich zu einem bestimmten Zeitpunkt im jeweiligen Land befinden. Diese Daten über den Bestand an Migrantinnen und Migranten pro Land basieren hauptsächlich auf den jeweiligen Bevölkerungen des Landes, die im Ausland geboren wurden, und auf der Inhaberschaft ausländischer Staatsbürgerschaft. Die Daten werden in der Regel alle fünf Jahre erhoben (vgl. UNDESA 2023). Dabei haben diese Daten durchaus ihre Schwächen. Zwar gibt es Daten hinsichtlich des Bestandes an Migrantinnen und Migranten für insgesamt 232 UN-Länder und -Gebiete. Damit stellen sie – wie das *Global Migration Data Analysis Centre* der Internationalen Organisation für Migration (IOM-GMDAC) feststellt – die geografisch umfassendsten Informationen über das internationale Migrationsgeschehen dar. Allerdings gibt es große Unterschiede bei der Datenverfügbarkeit in den unterschiedlichen Weltregionen: Ganze 43 % der mittel- und südasiatischen Länder sowie 16 % der Länder Subsahara-Afrikas verfügen über keine Datenquelle zu Bevölkerungsanteilen von international Migrierenden. Immerhin 90 % der Länder Ost- und Südostasiens, Ozeaniens und Nordamerikas verfügen über hinreichende Daten den jeweiligen Anteilen von international Migrierenden. In den Fällen, wo die Daten nicht verfügbar sind, werden Daten zu Menschen, die Staatsbürger eines anderen Landes als ihres Aufenthaltslandes sind, geschätzt. Eine andere Schwäche der Daten besteht darin, dass der Bestand an Migrantinnen und Migranten häufig verwechselt wird mit Migrationsströmen. Migrationsströme beziehen sich auf die Anzahl von Migrantinnen und Migranten, die während eines bestimmten Zeitraums (zum Beispiel ein Kalenderjahr) in ein Land einreisen oder dieses verlassen. Diese Migrationsbewegungen spiegeln sich in den UNDESA-Daten nicht oder allenfalls nur sehr indirekt wider (vgl. IOM-GMDAC 2022).

Wenn man diese Schwachstellen der UNDESA-Daten im Hinterkopf behält und sich die aktuelle Version der Daten (vgl. UNDESA 2023) anschaut, dann erscheint vieles zunächst eher unspektakulär. So ist ein Großteil aller circa 281 Millionen internationalen Migrantinnen und Migranten (78 %) zwischen 15 und 65 Jahre alt, über 65 Jahren sind etwa 12 % und jünger als 15 Jahre sind knappe 15 %. Der Anteil von Migrantinnen und Migranten an der Gesamtweltbevölkerung beträgt etwa 3,6 %; zum Vergleich: Im Jahr 1970 lag der Anteil noch bei etwa 2,3 %. Eine knappe Mehrheit ist männlich (52 %) und dementsprechend eine Minderheit weiblich (48 %). Interessanter wird es, wenn man die Länder betrachtet, die – in absoluten Zahlen betrachtet – die größten »Kontingente« an Migrantinnen und Migranten haben: An erster Stelle stehen hier die Vereinigten Staaten von Amerika als klassisches Einwanderungsland mit 51 Millionen Menschen. An zweiter Stelle folgt Deutschland mit 16 Millionen Menschen, gefolgt von Saudi-Arabien mit 13 Millionen und der Russischen Föderation mit 12 Millionen. An fünfter Stelle folgt das Vereinigte Königreich mit 9 Millionen. Dass Saudi-Arabien in dieser Rangliste auf Platz 3 steht, unterstreicht die Bedeutung, die die Staaten am Persischen Golf als Einwanderungsländer in den letzten wenigen Jahrzehnten errungen haben. Noch deutlicher wird dies, wenn man den Anteil von Migrantinnen und Migranten an der Gesamtbevölkerung betrachtet (vgl. Weltbank 2022). Hier »führen« die drei Golfstaaten Vereinigte Arabischer Emirate mit nahezu unglaublichen 88 %, Katar mit 76 % und Kuwait mit 74 %.

Hinter diesen Zahlen ist ein Trend zu erkennen, der in den letzten wenigen Jahrzehnten wohl immer mehr an Bedeutung gewonnen hat: Die sogenannte Süd-Süd-Migration. Damit wird vor allem die Migration innerhalb des globalen Südens bezeichnet. Dies umfasst also Migrationsprozesse zwischen – um die eher wertenden Begrifflichkeiten zu verwenden – Entwicklungsländern und Schwellenländern bzw. von Entwicklungsländern in Schwellenländer. Letztere sind, wie es der Name schon andeutet, (vormals) ärmere Länder, welche von ihrem sozio-ökonomischen Status her an der Schwelle stehen, einen Industrielandstatus zu erlangen. Mittlerweile können sehr viele Länder zu dieser Gruppe gezählt werden: Neben den bereits erwähnten Staaten am Persischen Golf gehören beispielsweise Südafrika, Indien, Mexiko, Brasilien, China, Malaysia, Russland, die Türkei, die Philippinen oder Pakistan zu dieser Ländergruppe. Der Süd-Süd-Trend lässt sich auch gut bei der Herkunft der internationalen Migrantinnen und Migranten ablesen. So sind, in absoluten Zahlen gemessen, bei den Top-Fünf-Ländern hinsichtlich der Herkunft der internationalen Migrierenden fast ausschließlich bevölkerungsreiche Schwellenländer vertreten – mit Indien (18 Millionen Migrierende) auf dem ersten Platz, Mexiko (11 Millionen) auf dem zweiten, Russland mit fast 11 Millionen auf dem dritten und China mit 10 Millionen Migrierenden auf dem vierten Platz. Auf dem fünften Platz folgt Syrien mit 8 Millionen Menschen, wobei dies vor allem der Fluchtmigration aufgrund des seit 2011 anhaltenden Konflikts geschuldet ist (siehe auch unten; UNDESA 2023). Auch bei der Analyse, welche Herkunftsländer den Großteil der international Migrierenden stellen, dominieren dementsprechend Schwellenländer, wie vor allem Mexiko und Indien, wie *Abbildung* 2 zeigt.

Abbildung 2: Prozentualer Anteil an der Gesamtzahl international Migrierender pro Herkunftsland[1]

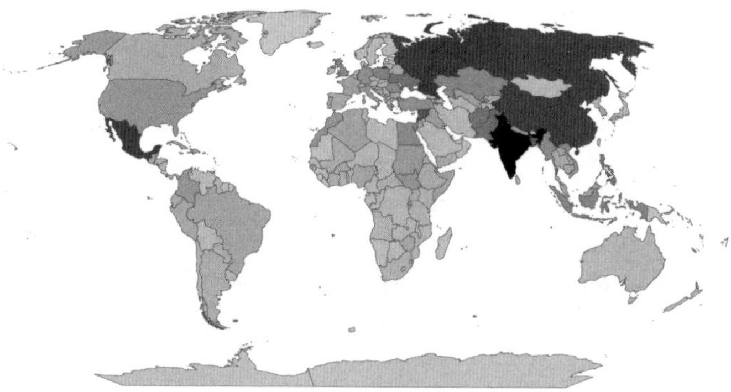

Quelle: Eigene Darstellung, basierend auf UNDESA (2023)

1 Spitzenreiter sind auch hier Indien (6,7 %), Mexiko (4,2 %) und Russland (4 %) (vgl. UNDESA 2023).

Auch bei den Migrationskorridoren – gemessen an der Anzahl der Migrantinnen und Migranten pro Einwanderungsland, die allesamt aus einem Herkunftsland stammen – ist eine Dominanz der Schwellenländer deutlich erkennbar. So ist gemäß den UNDESA-Daten (2023) der Korridor zwischen Mexiko und den Vereinigten Staaten von Amerika der größte Migrationskorridor mit ca. 11 Millionen aus Mexiko eingewanderten Menschen. Darauf folgen der Migrationskorridor zwischen Syrien und der Türkei (ca. 4 Millionen Menschen), der Korridor zwischen Indien und den Vereinigten Arabischen Emiraten (ca. 3 Millionen Menschen) sowie dem zwischen der Russischen Föderation und der Ukraine (ca. 3 Millionen), wobei der umgekehrte Korridor zwischen der Ukraine und der Russischen Föderation fast annähernd genauso groß ist. An dieser Stelle sei angemerkt, dass die Zahlen noch aus der Zeit vor dem Beginn des russischen Angriffskrieges in der Ukraine stammen. Insgesamt zeigen die UNDESA-Daten, dass die internationale Migration vor allem innerhalb der Weltregionen stattfindet. Insbesondere die Migration innerhalb Afrikas, Asiens und Europas ist deutlich stärker ausgeprägt als die Migration aus diesen Regionen bzw. Kontinenten in andere Weltregionen. Lediglich die Migration zwischen Lateinamerika und Nordamerika, welche deutlich stärker ausgeprägt ist als die Migration innerhalb Lateinamerikas, bildet hier eine Ausnahme (vgl. auch Porter und Russel 2018). Diese Ergebnisse werden auch durch die Forschungsergebnisse zum Beispiel des britischen Demographen Guy Abel (vgl. Abel und Sander 2014), der in Ermangelung von Daten zu weltweiten Migrationsströmen (siehe oben) diese auf Grundlage der UNDESA-Daten simuliert, unterstützt. Schätzungen gehen davon aus, dass die intraregionale Migration auch in solchen Regionen wie Ost- (mit weit über 60 %) oder Westafrika (mit weit über 80 %) stark ausgeprägt ist, die – aus der europäischen Perspektive betrachtet – im Fokus stehen bei Debatten um Herkunftsregionen für Fluchtmigration oder irreguläre Migration (vgl. Dick und Schraven 2019).

Der Süd-Süd-Trend in der internationalen Mobilität wird besonders deutlich, wenn man eine besondere Gruppe international Migrierender betrachtet: Menschen auf der Flucht. Deren Zahl ist in den letzten anderthalb Jahrzehnten stark angestiegen, was nicht zuletzt mit den bewaffneten Konflikten in Syrien, dem Südsudan sowie anderen Ländern und Regionen zu tun hat. Ein Blick auf die Zahlen des Flüchtlingshilfswerks der Vereinten Nationen UNHCR (2022a), welche die Menschen beinhalten, die in ein anderes Land fliehen und dort offiziell erfasst werden, sprechen eine eindeutige Sprache. Denn die Länder, aus denen die meisten Menschen fliehen müssen, sind allesamt Länder des globalen Südens. Dabei handelt es sich um Syrien (6,7 Millionen Menschen), Venezuela (4,6 Millionen), Afghanistan (2,7 Millionen), Südsudan (2,4 Millionen) und Myanmar (1,2 Millionen). Auch diese Zahlen stammen aus dem Jahr 2021 und beinhalten dementsprechend noch nicht ukrainische Flüchtlinge, die aufgrund des russischen Angriffskrieges seit Februar 2022 ihr Land verließen. Das UNHCR bezifferte die Anzahl dieser Menschen Anfang Dezember 2022 auf 7,8 Millionen. Für das Jahr 2022 ist davon auszugehen, dass mehr als sieben von zehn Flüchtlingen weltweit aus nur fünf Ländern (Syrien, Ukraine, Südsudan, Afghanistan und Venezuela) stammen. Aber nicht nur im Hinblick auf die Herkunft der Flüchtlinge, sondern auch bei den Aufnahmeländern sehen wir eine relative Dominanz des globalen Südens. In dieser Top-Fünf-Liste führt die Türkei mit 3,4 Millionen Flüchtlingen, die hier leben, gefolgt von Kolumbien (1,8 Millionen), Uganda (1,5 Millionen) und Pakistan (1,3 Millionen). Erst auf Platz fünf folgt mit Deutschland das erste Industrieland, welches 1,3 Millionen Flüchtlinge aufgenommen hat (basierend auf UNHCR 2023).

In der deutschen und europäischen Debatte wird gern übersehen, dass bei den Menschen auf der Flucht nicht Flüchtlinge – also Menschen, die in ein anderes Land fliehen – dominieren, sondern Binnenvertriebene. Diese *Internally Displaced Persons* (IDPs) sind innerhalb ihrer Heimatländer auf der Flucht und machten nach Angaben des *Internal Displacement Monitoring Centre* (IDMC) Ende 2021 mit gut 53 Millionen Menschen bzw. einem Wert von knapp 60 % den Großteil der Fliehenden weltweit aus. Bei den konfliktbezogenen internen Vertreibungen führte Ende 2021 Syrien mit 6,7 Millionen Menschen, gefolgt von der Demokratischen Republik Kongo mit 5,3 Millionen und Kolumbien mit 5,2 Millionen Menschen. Innerhalb Afghanistans und Jemens befinden sich jeweils 4,3 Millionen Menschen als Binnenvertrieben aufgrund von bewaffneten Konflikten auf der Flucht. Auch bei der katastrophenbedingten Binnenvertreibung sind vor allem Länder des globalen Südens vertreten: Afghanistan (1,4 Millionen Menschen), China (943 000), die Philippinen (700.000), Äthiopien (579 000) und der Südsudan (527 000). Vor allem in den Regionen Subsaharaafrika (vgl. 14 Millionen), Ostasien und Pazifik (nahezu 14 Millionen) wie auch Südasien (6 Millionen) ist die Binnenvertreibung weltweit am größten. Im Vergleich: In Europa und Zentralasien galten 2021 337 000 Menschen als Binnenvertriebene (vgl. IDMC 2022).

Auch bei einem anderen wichtigen Aspekt, der gewissermaßen ein Ergebnis vieler Migrationsprozesse ist, gibt es eine Dominanz des globalen Südens – nämlich bei den Geldsendungen, die Migrantinnen und Migranten an ihre Verwandten in den Herkunftsländern schicken. Diese auch als Rücküberweisungen, Remisen oder *Remittances* bezeichneten Geldtransfers beliefen sich im Jahr 2022 nach Angaben der Weltbank (2022) auf 802 Milliarden US-Dollar. Ein Großteil von nahezu 79 % (630 Milliarden US Dollar) floss dabei in die Länder des globalen Südens. Auch hier sind es vor allem wieder die großen und bevölkerungsreichen Schwellenländer, in die besonders viele dieser Rücküberweisungen fließen: Indien (83,5 Milliarden US-Dollar), China (knapp 59,5 Milliarden US-Dollar), Mexiko (42,9 Milliarden US-Dollar), die Philippinen (34,9 Milliarden US-Dollar) und Ägypten (29,6 Milliarden) führen die Liste der Hauptempfängerländer an. Bei den Weltregionen fließt besonders viel an migrantischen Geldsendungen nach Südasien (164 Milliarden US-Dollar), nach Lateinamerika und die Karibik (143 Milliarden US-Dollar) sowie nach Ostasien und den pazifischen Raum (133 Milliarden US-Dollar). In die Staaten Europas und Zentralasiens, welche nicht zum wohlhabenden Club der Organisation für wirtschaftliche Zusammenarbeit und Entwicklung (vgl. OECD) gehören (73 Milliarden US-Dollar), den Nahen Osten und Nordafrika (die MENA-Region; 65 Milliarden US-Dollar) sowie Subsahara-Afrika (53 Milliarden US-Dollar) fließen vergleichsweise weniger Rücküberweisungen. *Remittances* haben sowohl positive als auch negative Auswirkungen auf die Empfängerländer. Zu den positiven Effekten gehört, dass die *Remittances* zu einer Steigerung des Lebensstandards der Empfängerfamilien beitragen, indem diese grundlegende

Bedürfnisse, wie Nahrung, Kleidung, Gesundheitsversorgung oder Bildung ausgegeben werden. Zudem können sie als Investitionsquelle für kleine und mittelständische Unternehmen dienen, was wiederum wirtschaftliches Wachstum – zumindest auf lokaler Ebene – fördern kann. Allerdings gibt es auch negative Effekte der Geldsendungen. Denn Empfängerländer – Beispiele sind hier etwa Nepal, Tadschikistan oder Liberia – können regelrecht abhängig von *Remittances* werden, was zu einem geringeren Anreiz für wirtschaftliche Entwicklung und Innovation führt. *Remittances* können außerdem zu einer Überbewertung der lokalen Währung führen, was die Wettbewerbsfähigkeit der exportorientierten Unternehmen beeinträchtigt. Und nicht zuletzt können *Remittances* zu sozialen Spannungen und Ungleichheit führen zwischen denen, die Geld empfangen und denen, die nichts oder kaum etwas bekommen (vgl. de Haas 2007).

Migrationstheorien

Die Auswirkungen und Kontexte von Migrationsprozessen und insbesondere auch die Frage »Warum gehen Menschen von einem Ort zum anderen?« sind seit weit mehr als 100 Jahren Gegenstand wissenschaftlicher Forschung. Dieses Unterkapitel soll einen kompakten Überblick über wesentliche theoretische Annahmen und Modelle geben, mit denen versucht wurde, das Phänomen der Migration bzw. der Migrationsentscheidungen zu erklären.

Die Anfänge der Migrationsforschung und der Forschung zu Migrationsentscheidungen liegen tatsächlich schon in den 1880er Jahren. Ein deutscher Demograf namens Ernst Ravenstein veröffentlichte 1889 zwei Artikel im *Journal of The Royal Statistical Society* mit dem bezeichnenden Titel *Laws of Migration* (vgl. Ravenstein 1889). In diesen Artikeln begründet Ravenstein das Phänomen Migration vor allem mit einer natürlichen Veranlagung von Menschen, ihre materiellen Lebensbedingungen verbessern zu wollen. Folglich führt in dieser Annahme die Existenz von Orten mit unterschiedlichem Entwicklungs- und Lohnniveau automatisch zur Abwanderung von Menschen aus den Orten oder Regionen mit niedrigem Lohnniveau zu Orten mit höherem Lohnniveau. Ravenstein führte ein Element der Migrationsforschung ein, das auch heute noch in der gegenwärtigen Migrationsforschung bzw. in der Wahrnehmung dieser in Politik und Gesellschaft von Bedeutung ist, nämlich die Idee von Push- und Pull-Faktoren. Push-Faktoren können im weiteren Sinne als bestimmte wirtschaftliche, politische, soziale, konfliktbezogene oder ökologische bzw. ökologische Umstände an einem Herkunftsort verstanden werden (Bürgerkriege, Katastrophen, niedrige Gehälter, Arbeitslosigkeit usw.), welche die Menschen zur Migration zwingen, während Pull-Faktoren als Anreize verstanden werden können, die mit einem potenziellen Zuwanderungsort verbunden werden wie etwa Arbeitsplätze, höhere Gehälter, Rechtsstaatlichkeit usw. (vgl. Lee 1966: 49–52).

In der ersten Hälfte des 20. Jahrhunderts wurde die Forschung über Migration hauptsächlich von Geografen vorangetrieben, die Modelle entwickelten, die Migrationsphänomene mithilfe bestimmter Gravitationsgesetze erklären konnten. Schon Ravenstein schlug vor, dass es für Migrierende eine große Bedeutung haben müsse, welche Entfernung zwischen dem Herkunftsort und einem (möglichen) Ort der Zuwanderung besteht. Je weiter ein möglicher Aufnahmeort entfernt sei, desto geringer müsse auch die Zahl der Menschen sein, die sich dorthin auf den Weg machen, was natürlich vor allem mit höheren Transportkosten zu erklären sei. Autoren wie Zipf (1946) oder Stewart (1960) entwickelten diese Annahmen weiter fort und stützten sich bei ihren Untersuchungen auf das Newtonsche Gravitationsgesetz und passten dieses an die Kontexte von Migrationsbewegungen an. Diese sogenannten Gravitationsmodelle betrachten Migration abhängig – aber auch im Zusammenspiel mit wirtschaftlichen, politischen oder anderen Variablen – von der Größe, Einwohnerzahl und der Entfernung zwischen zwei Orten. Auch die Migrationsforschung in anderen wissenschaftlichen Fachbereichen – gerade in der volkswirtschaftlichen Migrationsforschung – setzt bis heute auf Gravitationsmodelle. Doch auch andere Modelle, die vorwiegend die Makroebene betrachteten, um das Entstehen von Migration zu erklären, sind zu nennen: Das einflussreiche Harris-Todaro-Modell (vgl. Harris und Todaro 1970) etwa beruht auf der zentralen Annahme, dass die Migration zwischen dem ländlichen und dem städtischen Sektor entsteht, wenn das städtische Einkommensniveau höher ist als das ländliche Einkommen.

In den 1960er Jahren verlagerte sich die Perspektive der Forschung allerdings in Teilen weg von der Makroebene zu einer stärkeren Individual- bzw. Mikroperspektive. Außerdem wurden Faktoren wie die mit dem Migrationsprozess verbundenen Kosten viel stärker in Betracht gezogen. In der ökonomischen Forschung wurde Migration zunehmend auch als ein Prozess verstanden, der (auch) abhängig ist vom individuellen Humankapital, also vereinfacht ausgedrückt von Wissen, Bildung und Kenntnissen. Basierend darauf wurde etwa bei Sjaastad (1962), Becker (1964), Mincer (1974) und anderen die Migrationsentscheidung als ein individueller Prozess verstanden, der von mehreren Faktoren bestimmt wird. Diese können demnach ungleiche Gehaltsniveaus sowie die Beschäftigungswahrscheinlichkeit am Zuwanderungsort oder -land und eben die mit dem Migrationsprozess verbundenen Kosten umfassen. Freilich sind diese Faktoren nicht nur abhängig vom individuellen Humankapital, sondern ebenfalls von anderen individuellen Merkmalen wie dem Alter oder dem Geschlecht. Dies führt zu mehreren möglichen Annahmen, die in vielen Fällen und Kontexten durchaus zutreffen: Die Wahrscheinlichkeit der Migration steigt mit dem Bildungs- oder Kenntnisniveau, da potenzielle Migrierende mit mehr oder besseren Kenntnissen und Bildungsniveaus mehr Einkommen generieren können (insbesondere in städtischen Gebieten); die Migrationswahrscheinlichkeit hängt auch vom individuellen Grad der Risikoaversion ab. Außerdem verringern persönliche Kontakte in einem potenziellen Zuwanderungsort die Kosten für die Migration und erleichtern die Beschaffung notwendiger Informationen, was die Migrationswahrscheinlichkeit entsprechend erhöht. Migrierende werden höchstwahrscheinlich die Orte aufsuchen, über die sie mehr Informationen haben bzw. sie werden eher Orte aufsuchen, bei denen die Kosten und Mühen der Beschaffung wichtiger Informationen relativ niedrig sind. Natürlich hängt viel auch von der Qualität der Informationen ab, die sie erhalten: Je positiver die Informationen bezüglich eines Aufnahmeorts sind, desto wahrscheinlicher ist die Migration zu diesem Ort. Und schließlich ist auch ein junges Alter ein wichtiger Faktor, da der individuelle Lebensplanungshorizont als ein wichtiger Einflussfaktor für die Migrationsentscheidung angesehen werden kann, das heißt: je älter ein potenzieller Migrierender ist, desto unwahrscheinlicher ist es, dass er oder sie abwandert (vgl. auch Engel und Ibanez 2007).

Die in den 1980er und 1990er Jahren aufgekommene Schule der sogenannten *New Economics of Labour Migration* (NELM) (vgl. zum Beispiel Stark 1991) lehnte die Annahme von rein individualistischen Determinanten bei der Migrationsentscheidung ab und konzentrierte sich auf den Haushalt als zentralen Schauplatz von Migrationsentscheidungen. Der zentrale Punkt dieses Ansatzes ist, dass häufig ein oder mehrere Haushaltsmitglieder ihren Haushalt bzw. ihre Familie verlassen, um auszuwandern, während die anderen Mitglieder beim Haushalt bleiben. Die Migrationsentscheidung wird gemäß den Grundannahmen der NELM in der Regel nicht nur von dem Migranten bzw. der Migrantin getroffen, sondern auch von dem Haushalt, dem er oder sie angehört. Migration wird in diesem Ansatz als ein Mechanismus zur Risikostreuung für den Haushalt interpretiert; die Migrierenden beteiligen sich an der Gesamtstrategie des Haushalts, Sicherheitsmaßnahmen gegen verschiedene Risiken wie zum Beispiel Ernteausfälle oder krankheitsbedingte Lohnausfälle auf- oder auszubauen. Finanzielle Überweisungen, die Migrierende an ihre Familien schicken, sind dementsprechend von großer Bedeutung in den Modellen der NELM: Migrantinnen und Migranten senden diese Rücküberweisungen nicht aus reiner Nächstenliebe an ihre Familien als individuellen Beitrag zum Wohlergehen dieser, vielmehr wird es auch als ein Beitrag oder eine Investition zur individuellen (sozialen) Absicherung betrachtet. Dies könnte dann etwa zum Tragen kommen, für den Fall, dass die Erwerbsquelle am Zuwanderungsort wegbrechen sollte oder um sicherzustellen, dass er oder sie in Zukunft wichtige Vermögenswerte des Haushalts wie etwa Land oder Geld erbt (vgl. Ellis 2000).

Neben der geografischen und vor allem der ökonomischen Forschung gibt es durchaus auch Beiträge der sozialwissenschaftlichen Forschung zur Erklärung des Zustandekommens des Phänomens Migration, auch wenn in diesem Zweig der Migrationsforschung traditionell eher andere Aspekte dominierten, wie etwa das Erleben der Aufnahmegesellschaft von Seiten der Zugewanderten.

Ein einflussreicher Artikel von Massey et al. (1993) betont erneut die Bedeutung von sozialen Netzwerken für Migrantinnen und Migranten, wodurch nicht nur die wirtschaftlichen, sozialen und psychologischen Kosten der Migration verringert werden (siehe oben), sondern auch die Bildung einer migrantischen Gemeinschaft am Zielort gefördert und die Wahrscheinlichkeit einer weiteren Migration aus dem Herkunftsland bzw. -ort der entsprechenden Gemeinschaft erhöht wird. Darüber hinaus kann so eine Kultur der Migration entstehen, bei der die mit der Migration verbundenen Werte Teil der Werte der Gemeinschaft werden können. Dies kann auch bedeuten, dass kulturelle Überzeugungen und soziale Muster gepflegt werden, welche die Migrationsneigung potenzieller Migrierender als Teil dieser Gemeinschaften erhöhen (vgl. Massey et al. 1993).

Viele der erwähnten Theorien und Annahmen beziehen sich eindeutig auf Arbeitsmigration. Allerdings gibt es durchaus auch eine wissenschaftliche Auseinandersetzung mit den Ursachen von Flucht- und Gewaltmigration, wobei diese Auseinandersetzung nur einen sehr kleinen Teilbereich der Flucht- und Flüchtlingsforschung darstellt und sie zudem lange durch einen gewissen Mangel an theoretischer Fundierung gekennzeichnet war (vgl. Piguet 2013). Es gibt einige (vorwiegend) ältere Analysen, die auf über größere Zeiträume hinweg erfasste Makrodatensätze auf Länderebene beruhen (vgl. zum Beispiel Davenport et al. 2003) und versuchen, Fluchtmigration mit verschiedenen Variablen zu erklären. Das eher wenig überraschende Ergebnis lautet, dass Fluchtbewegungen hier vor allem mit verschiedenen politisch-institutionellen Faktoren wie staatlicher Repression und/oder dem Vorhandensein von gewaltsamen Konflikten erklärt werden können. Studien, die das Entstehen von Fluchtprozessen auf kleineren zeitlichen oder räumlichen Ebenen, wie etwa der Dorfebene, analysieren (vgl. zum Beispiel Engel/Ibanez 2007), sind eher eine Ausnahme. Angenendt et al. (2017) klagen in diesem Zusammenhang über einen Mangel an spezifischen Daten, um wissenschaftlich fundierte Aussagen zu geografisch spezifischen Fluchtkontexten treffen zu können. Trotz dieser Probleme ist eine gewisse inhaltlich-theoretische Ausdifferenzierung in diesem Forschungsbereich zu beobachten: Geflüchtete werden etwa nicht mehr nur als Getriebene der auf sie einwirkenden bedrohlichen Kräfte, wie Gewalt oder Repression, gesehen, sondern zunehmend als Akteurinnen und Akteure mit eigener Handlungsmacht und Entscheidungsfähigkeit gesehen (vgl. Schraven 2021).

Festzuhalten ist, dass aus Sicht der (neueren) Forschung eine Unterscheidung zwischen strukturellen und unmittelbaren oder akuten Ursachen von Flucht und Gewaltmigration durchaus sinnvoll ist. Während bewaffnete Konflikte, Unruhen oder auch Katastrophen Beispiele für akute Fluchtursachen sind, können strukturelle Fluchtursachen sich auf unterschiedliche politische, ökonomische, ökologische oder soziale Entwicklungen bzw. Kontexte beziehen. Zu den politischen Ursachen struktureller Art zählen etwa fragile Staatlichkeit – sprich: Staaten mit nur schwachen oder gar sich im Zerfall befindenden Strukturen – diskriminierende Praktiken gegenüber Minderheiten oder auch Repression. Darüber hinaus können aber auch Umweltzerstörung oder wirtschaftliche Krisen als strukturelle Fluchtursachen betrachtet werden. Häufig führt eine vielschichtige Kombination dieser Faktoren dazu, dass Menschen ihre Heimat verlassen müssen (vgl. Milner und Loescher 2011). Allerdings sind die Grenzen zwischen Flucht und Gewaltmigration auf der einen und freiwilligen Formen menschlicher Mobilität auf der anderen Seite durchaus fließend bzw. es besteht hier ein erheblicher Graubereich. Es ist also nicht immer eindeutig feststellbar, ob Freiwilligkeit oder Zwang überwiegt, wenn Menschen in Reaktion auf politische oder humanitäre Krisen migrieren. Sicherlich gibt es in diesen Situationen eine Vermischung von Faktoren, die klassischerweise Flucht und Gewaltmigration bedingen, und Faktoren, welche als klassische Migrationsmotive bezeichnet werden können, wie die Suche nach besseren wirtschaftlichen Perspektiven. Für die Beschreibung dieser nicht eindeutig der Flucht und (freiwilligen) Migration zuordenbaren Formen menschlicher Mobilität hat sich deshalb die Bezeichnung *mixed migration* oder *gemischte Wanderungen* durchgesetzt, auch wenn der Begriff vereinzelt noch anders interpretiert wird (vgl. Angenendt et al. 2017).

Als Fazit muss festgehalten werden, dass es keine einheitliche oder vereinheitlichte Theorie gibt, die alle möglichen Aspekte, Ebenen und Facetten der hier kurz skizzierten Theorien oder Theorieschulen so einbinden würde, dass sie Migrations- oder auch Fluchtentscheidungen hinreichend und allumfassend erklären könnte. Vielleicht wird es so eine Metatheorie auch nie geben. Es gilt jedoch, die Komplexität und Vielschichtigkeit von Prozessen der menschlichen Mobilität anzuerkennen. Ebenso muss anerkannt werden, dass Migrationsentscheidungen zwar von Individuen getroffen werden und diese Entscheidungen durchaus von der Familie, von Netzwerken, von den großen Strukturen wie Arbeitsmärkten oder politischen Rahmenbedingen beeinflusst werden, Menschen werden aber nicht einfach hin- und her-*gepusht* oder *-gepullt*. Vielmehr werden selbst in Kontexten von Konflikten bzw. generalisierter Gewalt oftmals bewusste Entscheidungen zum Gehen oder zum Bleiben getroffen. Monokausale Faktoren, wie etwa Überbevölkerung, die in Medien und Politik gerne herhalten müssen, um etwa die aus europäischer Sicht irreguläre Migration aus Subsahara-Afrika zu erklären, halten der empirischen Überprüfung kaum stand (siehe unten). Ein Faktor, der ebenfalls gerne genannt wird, um diverse Migrationsprozesse zu erklären, ist Armut. Aufgrund der besonderen Bedeutung der Wechselwirkungen von Armut, Entwicklung und Migration für den Klima-Mobilitäts-Nexus sollen diese im folgenden Unterkapitel näher beleuchtet werden.

Migration, Armut und Entwicklung – ein besonderes Verhältnis

Der Transfer von Forschungserkenntnissen von der Wissenschaft in öffentliche und politische Diskurse ist bisweilen schwierig. Viele Erkenntnisse dringen gar nicht bis dorthin durch. Gerade bei der Interpretation empirischer Zusammenhänge kommt es nicht selten zu erheblichen Missverständnissen. Dies betrifft vor allem die Frage, was Menschen dazu veranlasst, ihre Heimat zu verlassen. Gerade auch der Zusammenhang von Migration, Armut und Entwicklung bzw. welche Rolle Armut und die wirtschaftliche Entwicklung bei Migrationsentscheidungen spielen, ist ein gutes Beispiel für einen nicht immer leichten Dialog zwischen Wissenschaft und Politik. Ein Verständnis des Zusammenhangs zwischen Migration, Armut und wirtschaftlicher Entwicklung ist, wie bereits erwähnt, wichtig, um auch das Verhältnis zwischen Klimawandel und menschlicher Mobilität besser zu durchdringen (vgl. Schneiderheinze und Schraven 2022 zu diesem Unterkapitel).

Gerade nach der sogenannten Flüchtlingskrise von 2015 vertraute die politische Debatte in Europa bei der Frage, wie den Ursachen von Flucht und irregulärer Migration in Richtung Europa zu begegnen sei, ganz der Formel »Mehr Entwicklung = weniger Migration«. Wichtigstes Mittel dabei ist die Entwicklungszusammenarbeit, die in den Ländern des globalen Südens – und vor allem in Hauptherkunftsländern – mit Wirtschaftsförderung und anderen Maßnahmen Wirtschaftswachstum generieren, Armut reduzieren, neue Arbeitsplätze schaffen und so Anreize zum Verbleib in der Heimat bieten soll. Aus Sicht vieler Politikerinnen und Politiker in Europa soll es so gelingen, Menschen davon abzuhalten, die gefährliche Reise durch die Sahara und über das Mittelmeer in Richtung Europa überhaupt erst anzutreten.

Allerdings widerspricht die Migrationsforschung dieser simplen Wirkungslogik seit langem: Bereits in den 1990er Jahren kamen einige Studien (vgl. zum Beispiel Philip und Taylor 1996) zu dem Schluss, dass eine Verbesserung der wirtschaftlichen bzw. der sozioökonomischen Situation in einem Entwicklungsland gar nicht mit einer sinkenden Auswanderungsrate einhergeht, sondern vielmehr mit einer steigenden. Mitteleinkommens- oder Schwellenländer wie China, Mexiko oder Indien (siehe oben) haben durchschnittlich die höchsten Auswanderungsraten. Dieser auch unter der Bezeichnung *migration hump* (Migrationsbuckel) bekannte Zusammenhang zwischen sozio-ökonomischer Entwicklung und internationaler Migration wird in den Medien oft so beschrieben, als würde die Entwicklungszusammenarbeit dazu beitragen, dass sich der Migrationsdruck aufgrund ihrer Maßnahmen noch erhöht (vgl. zum Beispiel Fuster 2019). Dabei ist dieser Zusammenhang wesentlich komplexer.

Bei der Diskussion um den Einfluss von sozioökonomischer Entwicklung auf Auswanderung spielt individuelles Einkommen eine zentrale Rolle. Grundsätzlich kann ein steigendes Einkommen zwei konträre Effekte bezüglich der Migrationsneigung auslösen: Zum einen führt sie meist zu einer Verbesserung des Lebensstandards und verringert damit den Anreiz, das Herkunftsland zu verlassen. Zudem führen generell steigende Einkommen auch zu höheren Steuereinnahmen und ermöglichen es Staaten, wichtige öffentliche Einrichtungen, wie Krankenhäuer oder Schulen, verstärkt bereitzustellen. Zudem kann eine steigende Quantität und Qualität öffentlicher Dienstleistungen die Bereitschaft zur Auswanderung senken. Zum anderen können steigende Einkommen jedoch dazu beitragen, die Kosten, die mit der Auswanderung verbunden sind, eher finanzieren zu können. Ob nun eher der erste oder der zweite Effekt stärker ist, lässt sich nicht durch ökonomische Theorie klären. Empirische Untersuchungen, die verschiedene Länder- oder Ländergruppen untersuchen (vgl. zum Beispiel Clemens 2014), sehen jedoch eher Hinweise auf einen *migration hump* – also, dass steigende Einkommen zunächst mit einer höheren Auswanderungsrate einhergehen. Denn diese Studien zeigen auch, dass die Migrationsrate in Mitteleinkommensländern höher ist als in armen Ländern und Industriestaaten. Wenn man dies grafisch darstellt, erscheint die Beziehung zwischen Einkommen und Migration wie ein Buckel oder umgekehrtes U (deswegen auch *migration hump*). Dieses grafische Muster wird oft in der Wissenschaft als Beleg dafür gewertet, dass die wirtschaftliche Entwicklung in einem Entwicklungsland die Auswanderungsrate so lange erhöht, bis dieses Land quasi dabei ist, den Status eines reichen oder eines Industriestaats zu erlangen.

Es wäre falsch, einfach von einem generell positiven Zusammenhang zwischen wirtschaftlicher Entwicklung und Auswanderung in Hochlohnländer auszugehen. Schließlich werden einige wesentliche Faktoren hierbei gerne außer Acht gelassen. Dass ein *migration hump* festgestellt wird, beruht auf dem Vergleich zwischen sehr unterschiedlichen Ländern. Tatsächlich sind es vor allem die Schwellen- oder Mitteleinkommensländer, die eine enge Korrelation zwischen Entwicklung und Auswanderung vor allem in Hochlohnländer aufweisen, die sich auch in relativer Nähe zu Hocheinkommensländern befinden oder die eine enge historische, sprachliche oder kulturelle Beziehung zu diesen aufweisen. Diese Faktoren begünstigen zugleich wirtschaftliche Entwicklung und Auswanderung. Einen starken kausalen Zusammenhang zwischen Entwicklung und der

Auswanderung in Richtung von Hocheinkommensländern für generell alle ärmeren Länder anzunehmen, wäre ein Trugschluss. Dies lässt sich auch so ausdrücken: Es ist nicht besonders wahrscheinlich, dass die heute noch ärmeren Entwicklungsländer bei einem stark positiven wirtschaftlichen Aufschwung in den nächsten Jahren oder Jahrzehnten tatsächlich alle hohe Auswanderungsraten v.a. in Richtung der OECD-Staaten hätten. Viele Entwicklungsländer mit einem positiven Trend bei der Wirtschaftsentwicklung weisen im Hinblick auf die Auswanderung in die OECD-Welt keine übermäßige Steigerung auf (vgl. Bencek und Schneiderheinze 2020).

Auch ein Blick auf die Ergebnisse der repräsentativen Haushaltsbefragungen des Meinungsforschungsinstituts Gallup unterstreichen dies. Gallup befragt in regelmäßigen Abständen Haushalte in nahezu allen Ländern der Welt, wie sie etwa die wirtschaftliche Situation und Entwicklung ihrer Region einschätzen und ob sie Migrationspläne haben – wobei diese auch unkonkret sein können. Dabei zeigt sich, dass je größer der Anteil der Befragten ist, die eine positive wirtschaftliche Entwicklung sehen, desto seltener diese auch Migrationsabsichten haben. Das Vorhandensein einer wirtschaftlichen Perspektive scheint es also eher unwahrscheinlich zu machen, dass Menschen planen, ihre Heimat zu verlassen. Auch andere Studien kommen zu dem Ergebnis, dass wirtschaftliches Wachstum und damit verbundene positive Erwartungen Migrationsabsichten reduzieren können (vgl. Migali und Scipioni 2019). Allerdings bedeutet dies auch umgekehrt, dass wirtschaftliche Krisen oder Stagnation die Migrationsbereitschaft deutlich ansteigen lassen. Und je länger diese negative Situation andauert, desto mehr Menschen werden ihre Migrationspläne dann wohl auch in die Tat umsetzen.

Wie schon dargelegt wurde, ist die Betrachtung von nur einer Einflussvariable wie sozioökonomischer Entwicklung selten ausreichend, um solch einen komplexen Vorgang wie Migration zu erklären. Wenn Länder wirtschaftlich prosperieren, dann hat dies oftmals auch Einfluss auf die Demografie: Entwicklungsländer mit einer positiven wirtschaftlichen Entwicklung weisen zumeist einen erheblichen Rückgang der Kindersterblichkeit auf. Dies führt dann dazu, dass auch wenn – und das ist ebenfalls eine typische

Begleiterscheinung wachsenden wirtschaftlichen Wohlstands in Entwicklungsländern – langsam die Geburtenraten zurückgehen, es zunächst bei einer hohen Jugendarbeitslosigkeit bleibt. In einer solchen Situation entsteht oder verstärkt sich dann oft ein sogenannter Jugendüberhang, also ein besonders hoher Anteil von Menschen mit einem Lebensalter von weniger als 25 Jahren an der Gesamtbevölkerung. Dies lässt sich so erklären, dass eine positive wirtschaftliche Entwicklung für gewöhnlich zu Verbesserungen im Gesundheitssystem führt. Diese wiederum ermöglichen einen signifikanten Rückgang der Kindersterblichkeit. Ein Anwachsen des Anteils junger Bevölkerungsgruppen kann dann aber eben zu hoher Jugendarbeitslosigkeit führen und die Migrationsbereitschaft vieler junger Menschen entsprechend stark erhöhen.

Zu weiteren Faktoren, die einen *migration hump* erklären können, zählt ein allgemeiner Strukturwandel, der ein Entwicklungsland in einer Phase starken wirtschaftlichen Wachstums begleitet. Dieser versursacht meist einen tiefgreifenden Wandel ganzer wirtschaftlicher Sektoren. So entstehen neue Zweige in der Industrie, während andere Sektoren zunehmend an Bedeutung verlieren, was vor allem die Landwirtschaft betrifft. Wenn mehr und mehr Menschen aus dem ländlichen Raum in die Städte gehen, um dort spezialisierte Beschäftigungen aufzunehmen, kann dies langfristig ebenfalls eine vermehrte Abwanderung ins Ausland begünstigen. Durch die wachsende landesinterne Mobilität erwerben die Menschen Kenntnisse, Wissen und Fähigkeiten, die auch in Industriestaaten gefragt sind. So verbessern sich ihre Chancen auf gut bezahlte Arbeitsplätze im Ausland. Aber auch eine bereits vorhandene Diaspora in einem Zuwanderungsland, die es den Migrantinnen und Migranten erleichtert, Unterkunft, Informationen oder Zugang zu Jobs zu bekommen, kann ein wesentlicher Faktor sein, um Zuwanderung aus einem im (wirtschaftlichen) Wachstum befindlichen Entwicklungsland zu beschleunigen. Auch der Abbau von formellen Hürden wie Visabestimmungen, welche für ärmere Entwicklungsländer höher sind als für reichere, kann einen migrationsverstärkenden Effekt haben. Ein weiteres Beispiel für einen migrationsbegünstigenden Faktor ist eine zunehmende Integration eines Landes in die Weltwirtschaft (vgl. Schneiderheinze und Schraven 2021).

Auf die Frage, welchen Einfluss die Entwicklungszusammenarbeit auf die Auswanderung aus einem Land nehmen kann und vor allem wo ihre Grenzen liegen, gibt es einige Erkenntnisse, die der Beantwortung dienen können. Die Forschung zur Wirksamkeit der Entwicklungszusammenarbeit (*aid effectiveness*) kann hinsichtlich der Förderung von wirtschaftlichem Wachstum durch entwicklungspolitische Maßnahmen keine eindeutigen oder nur bedingt positiven Ergebnisse nachweisen (vgl. Doucouliagos und Paldam 2008). Allerdings konnten für den Zusammenhang zwischen Entwicklungszusammenarbeit und der Reduktion von Armut durchaus positive Effekte nachgewiesen werden, was auch für die soziale Infrastruktur (Gesundheitsversorgung, Bildung, Kultur, öffentliche Sicherheit etc.) gilt. Vor allem im Bildungssektor konnte die Entwicklungszusammenarbeit entgegen ihrem oftmals schlechten Ruf Erfolge, wie mehr Grundschulbesuche und sinkende Schulabbruchquoten, beitragen (vgl. Birchler und Michaelowa 2016). In begrenztem Umfang konnte die Entwicklungszusammenarbeit zudem einen Beitrag dazu leisten, den Schutz von Menschenrechten oder Maßnahmen zur Konfliktprävention zu stärken. Für den Bereich Flucht und Migration gibt es tatsächlich Studienergebnisse, die darauf hinweisen, dass diese eher langfristig angelegten und auf den Auf- und Ausbau sozialer Infrastrukturen abzielenden Maßnahmen der Entwicklungszusammenarbeit Migration tatsächlich reduzieren können. Allerdings ist dieser Effekt eher klein. Um Abwanderungsraten signifikant und großflächig reduzieren zu wollen, müssten Geberländer ihre Entwicklungshilfe vermutlich um ein Vielfaches erhöhen, was unrealistisch ist (vgl. Lanati und Thiele 2018).

Es lässt sich festhalten: Armut verhindert eher internationale Migration, als dass sie diese befördern würde. Oftmals stehen sozioökonomische Entwicklung und Auswanderung in Entwicklungsländern in einem positiven Verhältnis zueinander: Je mehr Entwicklung, desto mehr Migration – jedenfalls bis zu einem gewissen Punkt. Dieses Modell des *migration hump* ist aber kein Naturgesetz. Es ist also nicht möglich, anhand von Kennzahlen zur wirtschaftlichen Entwicklung eines Landes Aussagen über dessen Auswanderungsrate zu treffen oder diese vorherzusagen. Der *migration hump* ist ein für unterschiedliche Länder belegter Zusammenhang von sozioökonomischer Entwicklung und Auswanderung. Die Ausprägung sowie das jeweilige Zustandekommen sind jeweils überaus spezifisch und von sehr unterschiedlichen Faktoren geprägt. Auch die Möglichkeiten der Entwicklungszusammenarbeit, Einfluss zu nehmen auf die Auswanderung aus Entwicklungs- und Schwellenländern, sind begrenzt.

Der Zusammenhang zwischen Klimawandel und Migration

Die Klimaflüchtlinge kommen: Gängige Erklärungsmuster in Politik und Öffentlichkeit zum Klima-Mobilitäts-Nexus

Der Klimawandel und seine Auswirkungen lassen sich nicht als rein natürliche Geschehnisse verstehen. Vielmehr müssen die Effekte klimatischen Wandels ebenso zu jedem beliebigen Zeitpunkt als soziale Vorfälle verstanden werden, die soziale Strukturen oder Machtverhältnisse ändern bzw. verstärken können. Ebenfalls sind Kategorisierungen, wie »Klimamigrant« oder »Klimaflüchtling«, soziale Konstruktionen und damit niemals sozial neutrale Ausdrücke. Die Rede vom Klimawandel als Ursache von massenhaften Wanderungsbewegungen spiegelt und reproduziert Machtverhältnisse, welche die Art und Weise, wie spezifische Personengruppen oder Sachverhalte in diesem Kontext wahrgenommen werden, beeinflussen. Im Grunde genommen sagen diese Kategorisierungen mehr über diejenigen aus, die jene Kategorisierungen schaffen, als über diejenigen, die kategorisiert werden (vgl. Nash 2020).

Dabei lässt sich der Diskurs zu »Klimaflucht« und den »Klimaflüchtlingen« kaum isoliert betrachten vom generellen Diskurs zu Migration und Flucht. In Deutschland zum Beispiel – verstärkt durch die sogenannte europäische Flüchtlingskrise der Jahre 2015/2016 – gibt es in der öffentlichen und politischen Auseinandersetzung ein Narrativ, das von verschiedenen politischen Lagern und gesellschaftlichen Gruppierungen meistens geteilt wird – auch wenn es punktuell unterschiedliche Schwerpunktsetzungen, Konnotationen und Deutungsmuster gibt. Ein wesentliches Element dieses Narrativs basiert auf der Annahme, dass Europa und der globale Norden insgesamt vor einer Zuwanderungswelle beispiellosen Ausmaßes stehen bzw. dass eine solche Zuwanderung bereits eingesetzt ist. Eng verwoben hiermit ist eine stark simplifizierende Erklärung von Migrations- oder Fluchtprozessen. Eine Unterscheidung nebst den unterschiedlichen Formen menschlicher Mobilität findet innerhalb all dessen selten statt. Weiterhin erfährt die Begrifflichkeit Migration insgesamt eine negative Konnotation. Typische Vokabeln, die dieses Narrativ ausmachen, sind beispielsweise »Völkerwanderung«, »Massenmigration« oder »Invasion«. Zu jener Betrachtungsweise von Migration gehört auch die Neigung, einzelne Faktoren – je nach Kontext zum Beispiel Armut und Unterentwicklung (siehe oben), starkes Bevölkerungswachstum (vor allem auf dem afrikanischen Kontinent), bewaffnete Konflikte, schwache Staatlichkeit oder eben den Klimawandel – als vermeintliche einzige Auslöser für Prozesse von Verzweiflungsmigration oder Flucht zu betrachten. Mobilitätsentscheidungen werden so stets im Sinne eines einfachen Reiz-Reaktions-Schemas betrachtet: Je höher die Armut oder je heftiger die Folgen des Klimawandels, umso mehr Migration.

Diese vermeintliche Migrationsarithmetik wird nicht nur von Politikerinnen und Politikern, sondern auch von Aktivistinnen und Aktivisten verwendet, insbesondere im Zusammenhang mit Klimawandel oder »Klimaflüchtlingen«. So forderte beispielsweise Jakob von Uexküll, der deutsch-schwedische Umweltaktivist und Stifter des *Right Livelihoods Awards* (auch als alternativer Nobelpreis bekannt), in einem Interview mit *Die Welt* 2017 einen deutlich besseren Klimaschutz. Die bisher getroffenen Maßnahmen im Bereich Klimaschutzmaß reichten seiner Meinung nach noch lange nicht aus):

> »Wir werden in den kommenden Jahrzehnten immer mehr unter dem Eindruck des Klimawandels leben. Wenn Europa nicht mit einer Million Kriegsflüchtlingen aus Arabien und Zentralasien klarkommt, wie soll es mit 200 Millionen Klimaflüchtlingen aus Afrika umgehen?« (Preuß 2017).

Bei diversen NGOs wie der Welthungerhilfe, Greenpeace oder »Aktion Deutschland hilft« wird diese Warnung auch zur Begründung bzw. Untermauerung eigener klima- oder entwicklungspolitischer Forderungen verwendet, um ihre Arbeit zu fördern. Deutliche Überschneidungen gibt es auch mit dem globalen Klimawandel-Diskurs, der vor allem vom globalen Norden geprägt ist. Dieser weist bereits seit einiger Zeit auch eine Versicherheitlichung auf – also einer Wahrnehmung des Klimawandels primär als Sicherheitsrisiko bzw. eine stark auf sicherheitspolitische Erwägungen fokussierte Betrachtungsweise. Verschiedene Parteien nutzen einen unsicheren Umgang mit dem Klimawandel, um ganz unterschiedliche politische Ziele zu erreichen: Forderungen nach mehr Klimaschutz gehören ebenso dazu wie Forderungen nach mehr Verteidigung und Militär. In den Medien der OECD-Staaten werden die Folgen des Klimawandels (vgl. auch »Klimaflüchtlinge«) oft als Herausforderung für die nationale Sicherheit verstanden. Eine diesem Narrativ inhärente Betrachtungsweise von Migration entspricht klar auch einem *sedentary bias* – Mobilität wird also als etwas Ungewöhnliches bzw. nicht der Norm der Sesshaftigkeit Entsprechendes definiert. Diese Perspektive ist nicht nur in der deutschen, sondern auch in der internationalen Politik durchaus von Bedeutung, obwohl in den letzten Jahren auf globaler Ebene wichtige migrationspolitische Rahmenwerke wie der *Global Compact for Safe, Regular and Orderly Migration* etabliert wurden, die Mobilität durchaus auch als eine globale Normalität anerkennen. Gerade aber in der Klimapolitik wirkt noch sehr stark nach, dass bereits seit ihren Anfängen in den 1980er und frühen 1990er Jahren Migration pauschal als etwas definiert wurde, was es mit den Maßnahmen im Bereich der Minderung von Treibhausgasemissionen oder auch mit Programmen zur Anpassung an den Klimawandel zu verhindern galt. Ansonsten spielte das Thema Migration für längere Zeit kaum eine Rolle (vgl. Schraven 2021).

Der starke Drang zur Aktivität kennzeichnet auch die generelle Diskussion zu den Ursachen von Flucht und wie man diesen begegnen könnte. Dieser Aktivitätsdrang bezieht sich nicht allein auf Maßnahmen der Migrationskontrolle. Verbunden damit ist stets das Ziel, Rahmenbedingungen in den Herkunftsländern von (potenziellen) Flüchtlingen und irregulären Migrantinnen und Migranten so zu gestalten, dass es eine »Bleibeperspektive« gibt (siehe oben). In diesem Kontext ist neben Maßnahmen, die auf den Nahen Osten abzielen, vor allem nach dem Höhepunkt der Zuwanderung von Geflüchteten nach Deutschland und Europa in den Jahren 2015 und 2016 ein deutlicher Fokus auf den afrikanischen Kontinent sowie eine besondere Rolle der Entwicklungspolitik erkennbar. Gerd Müller, der zwischen 2013 und 2021 deutscher Entwicklungshilfeminister (CSU) war, prägte den Satz, dass Afrika und seine Entwicklung für Deutschland und Europa eine Jahrhundertaufgabe sei – vor allem unter der Maßgabe einer Reduktion der Migration von Afrika in Richtung Europa. In diesem Zusammenhang wurden seit 2015 unter den Vorzeichen der *Fluchtursachenbekämpfung* eine ganze Reihe entwicklungs- bzw. afrikapolitischer Prozesse und Initiativen ins Leben gerufen. In dieser Anzahl und Intensität hat es das zuvor noch nicht gegeben. Auf europäischer Ebene ist besonders der *European Union Emergency Trust Fund for stability and addressing root causes of irregular migration and displaced persons in Africa* zu nennen, der neben solchen Komponenten wie wirtschaftlicher Entwicklung vor allem auch eine starke Migrationsmanagement-Komponente aufweist. Auf deutscher Seite ist vor allem der sogenannte *Marshallplan mit Afrika* des Bundesministeriums für Entwicklung und Wirtschaftliche Zusammenarbeit zu nennen, der auf den Säulen i) Wirtschaft, Handel und Beschäftigung; ii) Frieden, Sicherheit und Stabilität sowie iii) Demokratie, Rechtsstaatlichkeit und Menschenrechte fußt. Zudem haben auch andere Bundesministerien ihre eigenen Afrikapläne entwickelt. Darüber hinaus werben Wirtschaftsverbände, wie der Bund der deutschen Industrie (BDI), bereits seit einiger Zeit, den afrikanischen Kontinent mehr auch als Wirtschaftspartner und Markt der Zukunft wahrzunehmen statt nur als den Kontinent der Krisen, des Hungers oder der Kriege (vgl. Schraven 2019).

Die Forschung zum Zusammenhang zwischen Ökologie und Migration

Der Umwelt als zu betrachtender Faktor kommt in der Migrationsforschung kaum eine Rolle zu (siehe oben). Ganz ausgeklammert wurde der ökologische Faktor jedoch nicht. Eine erste Auseinandersetzung mit der Beziehung zwischen Umwelt und menschlicher Migration lässt sich beim deutschen Geografen Friedrich Ratzel finden. In seinem Werk *Anthropogeographie* (1882) betrachtet und erklärt Ratzel Migrationsbewegungen unter dem Aspekt der Umwelt als Grundlage für das menschliche Überleben, was andere Wissenschaftler, wie Ernst Ravenstein, beeinflusste. Trotz der prominenten Rolle der Umwelt im Hinblick auf den im frühen 20. Jahrhundert bedeutenden Begriff des Lebensraums, verschwand die Ökologie in dieser Zeit dann schnell und fast vollständig aus migrationswissenschaftlichen Diskursen. Die Gründe dafür sind die wachsende Vormachtstellung ökonomischer Theorien in der Migrationsforschung (siehe oben) sowie allgemein die Vorstellung, dass menschlicher Fortschritt zunehmend zu einer Abkoppelung von der Natur als Lebensgrundlage führen müsse (vgl. Piguet 2013).

Erst Mitte der 1980er Jahre feierte die Umwelt in der wissenschaftlichen Auseinandersetzung mit Migration ein Comeback. In den ersten Berichten des IPCC (1990) sowie den Veröffentlichungen von El-Hinnawi (1985) und Jacobsen (1988) standen angesichts der an Fahrt aufnehmenden Diskussion zum Klimawandel Umweltfaktoren als potenzielle Treiber von Massenwanderungen plötzlich wieder im Vordergrund. Auch die heute umstrittenen Begriffe des »Klimaflüchtlings« oder des »Umweltflüchtlings« haben hier ihren Ursprung. Daraus entwickelte sich in den 1990er Jahren rasch eine intensive wissenschaftliche Diskussion, in der sich schnell zwei wesentliche Lager bildeten: die *Alarmisten* und die *Skeptiker*. Die Alarmisten, unter ihnen zum Beispiel Norman Myers (vgl. Myers 1997 oder auch Reuveny und Moore 2009), waren oftmals Naturwissenschaftlerinnen und Naturwissenschaftler, die von einem besonders schwerwiegenden Effekt von Umwelt- und Klimafaktoren auf menschliche Mobilität ausgingen und die bis heute wirkmächtige Bilder von klimatisch bedingten Massenbewegungen zeichnen. Auch pochten die Alarmisten auf einer numerischen Erfassung möglicher »Klimaflüchtlinge«. Die Skeptiker (vgl. Castles 2002) kamen eher aus den Wirtschafts- und Sozialwissenschaften sowie der Migrationsforschung und hielten dagegen, dass eine einseitige und simplistische Darstellung von Umweltmigration mitnichten der komplexen Realität menschlicher Mobilität entspräche. Die Skeptiker lehnten deshalb den Begriff des »Klimaflüchtlings« grundsätzlich ab und warnten vor einer damit einhergehenden Legitimierung eines neu aufkommenden Sicherheitsnarrativs (vgl. Piguet 2013; siehe oben).

Die Forschungsaktivitäten haben sich in den letzten 10 bis 15 Jahren deutlich intensiviert und auch die Projekte sind deutlich größer geworden: Waren es in den 1990er Jahren noch vor allem Einzelfallstudien, so haben es forschungsfördernde Institutionen seit den 2010er Jahren ermöglicht, dass es zusehends auch größere Forschungsprojekte gibt, welche zum Beispiel mit einer einheitlichen konzeptionellen oder methodischen Herangehensweise ausgewählte Aspekte des Klima-Mobilitäts-Nexus in unterschiedlichen Länder gleichzeitig untersuchen (vgl. Schraven 2021). Zu diesen Projekten zählen etwa Forschungsvorhaben wie *Where the rain falls* der *United Nations University* oder das EU-finanzierte Projekt MECLEP *Migration, Environment and Climate Change: Evidence for Policy* (MECLEP), welche beide bereits abgeschlossen sind (vgl. Schraven et al. 2020). Mit der Zunahme der Forschungsprojekte wuchs auch die Anzahl an wissenschaftlichen Fachpublikationen, wie *Abbildung 3* zeigt.

Die Forschungsergebnisse sind insgesamt von einer großen Heterogenität gekennzeichnet. Das ist wenig verwunderlich, denn ganz verschiedene wissenschaftliche Disziplinen, wie Politikwissenschaft, Migrationsforschung oder auch die juristische Forschung, setzen sich mit dem Thema auseinander. Dies bringt es mit sich, dass sehr unterschiedliche theoretische Grundlagen und Forschungsmethoden angewandt werden (vgl. Piguet 2010, Klepp 2017). Trotz der angesprochenen Vielfalt an Ergebnissen sind bestimmte Regionen bei der Erforschung des Klimawandel-Migrations-Nexus überproportional vertreten. Dies äußert sich in einer hohen Anzahl an Studien mit einem Fokus auf den globalen Süden. Geografische

Schwerpunkte sind insbesondere West- und Ostafrika, Südasien (vor allem Bangladesch), Südostasien und Teile Südamerikas (vgl. Piguet et al. 2018, Hoffmann et al. 2021).

Abbildung 3: Anzahl wissenschaftlicher Publikationen zu Klimawandel und Migration

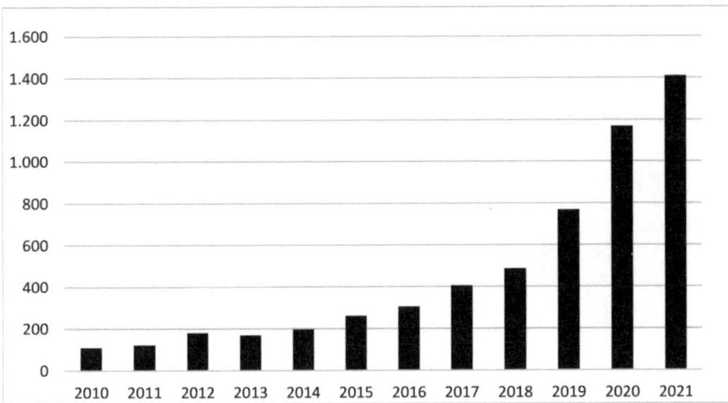

Quelle: Eigene Recherche in Scholar Google[1]

Ein wesentlicher Faktor bezüglich menschlicher Mobilität im Kontext des Klimawandels ist die Unterscheidung zwischen plötzlich auftretenden Umweltereignissen, zu denen beispielsweise Stürme, Überschwemmungen oder Waldbrände gehören, und langsamen bzw. schleichenden Umweltveränderungen, wozu der Anstieg des Meeresspiegels oder Bodenerosion zählen können. Ergebnisse von Metastudien deuten an, dass der Fokus von Studien eher auf menschlicher Mobilität im Kontext von schleichenden Umweltveränderungen liegt (vgl. Hoffmann et al. 2021).

1 Die Suche erfolgte mit dem Stichwort *Climate migration*. Das Ergebnis ist als Indikator für die Gesamtliteratur zum Klima-Mobilitäts-Nexus zu werten.

Komplexe Realitäten: Forschungsergebnisse zur *Klimamobilität*

Allgemeine Ergebnisse

Die angesprochenen Forschungsaktivitäten der letzten anderthalb Jahrzehnte zeigen ein komplexeres und differenzierteres Bild hinsichtlich des Zusammenhangs zwischen Klimawandel und menschlicher Mobilität auf (oder kurz: *Klimamobilität*), worüber in weiten Teilen in der wissenschaftlichen Auseinandersetzung ein Konsens besteht. Dieses Bild lässt sich wie folgt zusammenfassen (vgl. hierzu auch Schraven 2021):

Selbst in bereits stark von den Auswirkungen des Klimawandels betroffenen Weltregionen und Ländern – wie dem Horn von Afrika, den pazifischen Inselstaaten oder Bangladesch – ist es nicht immer leicht zu bestimmen, wie sich die Folgen klimatischen Wandels auf Prozesse menschlicher Mobilität auswirken. Generell gilt für diese, wie auch andere von klimatischen beziehungsweise ökologischen Veränderungen betroffenen Gebiete, dass auch weitere, häufig miteinander verwobene Faktoren – politischer, sozialer, wirtschaftlicher oder demografischer Natur – einen (mitunter starken) Einfluss auf Mobilitätsentscheidungen haben. Die Bestimmung einer Dominanz oder Nicht-Dominanz der globalen Erwärmung bei diesen Entscheidungen ist konzeptionell und empirisch kaum leistbar. Deshalb ist es auch sehr schwierig, Begriffe wie »Klimaflüchtling«, »Umweltflüchtling« oder »Klimamigration« eindeutig zu definieren, von denen es weder im rechtlichen noch im politischen oder im wissenschaftlichen Kontext allgemein akzeptierte Definitionen gibt (siehe auch unten). Auch wenn in einigen Fällen Menschen aufgrund etwa des Anstiegs des Meeresspiegels mittel- bis langfristig ihre Heimstätten verlassen müssen, so ist diese Attribution, also eine eindeutige Benennung einer kausalen Hauptursache, in vielen anderen Fällen schwerlich leistbar.

Aus diesem Grund sind die in Politik und Medien häufig genannten Zahlen und Prognosen bezüglich »Klimaflüchtlingen« sehr skeptisch zu betrachten. Die etwa in der Einleitung erwähnte Prognose des britischen Biodiversitätsexperten Norman Myers, der bereits in den 1990er Jahren von 200 Millionen »Klimaflüchtlingen« bis zur Mitte des 21. Jahrhunderts ausging, ist aus heutiger Sicht methodisch schlicht nicht mehr haltbar (vgl. Schraven 2020). Eine andere gern zitierte Quelle, auf die sich besonders die Medien gerne beziehen, wenn von (über) 200 Millionen »Klimaflüchtlingen« gesprochen wird, ist der von der Weltbank herausgegebene *Groundswell*-Report (vgl. Clement et al. 2021). Diesem zweiten Bericht ist ein erster *Groundswell*-Bericht (vgl. Rigaud et al. 2018) vorausgegangen, in welchem erstmals langsam auftretende Umweltereignisse wie der Meeresspiegelanstieg, die Wasserverfügbarkeit und Rückgänge bei der landwirtschaftlichen Produktivität mit der zukünftigen Bevölkerungsverteilung und Migrationsmustern für das Jahr 2050 »verrechnet« wurden. Es wurden also konkret demografische, sozioökonomische und klimatische Daten in einem Modell unter einen Hut gebracht. Modelliert wurden hier die »Migrationsergebnisse« bei drei unterschiedlichen Klimaszenarien, welche von pessimistisch bis hin zu klimafreundlich reichen. Im Falle des pessimistischen Szenarios ergab die Simulation ein Ergebnis von 216 Millionen Binnenmigrantinnen und -migranten weltweit. Wohlgemerkt ist dies das Ergebnis einer Simulation, welche keine Vorhersage oder Prognose dahingehend darstellt, wie die Situation im Jahr 2050 hinsichtlich klimabedingter Flucht und Migration tatsächlich aussehen wird. Zudem wird hier explizit Binnen- bzw. landesinterne Migration simuliert, nicht grenzüberschreitende Fluchtmigration. Hinzu kommt, dass derart großflächige Modellierungsverfahren generell nicht unumstritten sind, da sie leicht lokale Kontexte, kulturelle Besonderheiten sowie menschliches Verhalten vereinfacht wiedergeben oder vernachlässigen (vgl. Adams und Kay 2019).

Eine andere aufsehenerregende Prognose stammt aus dem Jahr 2020 vom *Institute for Economics & Peace* (IEP 2020). Diese Prognose, wonach bis zum Jahr 2050 knapp eine Milliarde Menschen infolge des Klimawandels ihre Heimat verlassen werden, basiert auf Zahlen des IDMC, welches weltweit Daten zu landesinterner Flucht und Vertreibung erhebt. Neben anderen Flucht- und Vertreibungsgründen veröffentlicht das IDMC seit einiger Zeit auch Daten bezüglich Menschen, die infolge von Katastrophen[1] innerhalb ihrer Heimatländer fliehen müssen. Allerdings stellen die IDMC-Zahlen keinesfalls amtliche Statistiken zum Ausmaß klimabedingter (Binnen-)Flucht oder dergleichen dar.[2] Die Daten entstammen vielmehr lokalen Medienberichten, um somit Schätzwerte zu erhalten. Hinzu kommt, dass viele der in den IDMC-Daten erfassten Menschen schon kurze Zeit nach der Katastrophen nach Hause zurückkehren können. Die Prognose des vom australischen IT-Unternehmer Steve Killelea gegründeten Think-Tanks IEP basiert aber auf folgender Vorgehensweise: Sie nimmt die jährlichen IDMC-Zahlen zwischen 2008 und 2019 für katastrophenbedingte Binnenflucht und addiert diese schlicht. So wird suggeriert, dass alle diese Menschen dauerhaft nicht mehr in ihrer Heimat leben bzw. dorthin zurückkehren

1 Der Begriff Naturkatastrophe wird vermieden, um zu betonen, dass viele Katastrophen – mit Ausnahme zum Beispiel tektonischer Katastrophen wie Vulkanausbrüchen – nicht oder nicht gänzlich natürliche Ursachen haben. Der Klimawandel sowie auch viele andere Eingriffe von Menschenhand erhöhen die Gefahr von Katastrophen, wie Überschwemmungen. Hinzu kommt, dass auch die von diesen Katastrohen verursachten Schäden und Verluste oftmals mit der spezifischen Vulnerabilität der betroffenen Menschen oder Kommunen zu tun hat, die wiederum sozial, aber nicht natürlich bedingt ist.

2 Für den Zeitraum von 2012 bis 2021 pendeln die IDMC-Zahlen für die Menschen, die – zumindest temporär – landesintern im Kontext von Katastrophen vertrieben werden, zwischen 17,2 und 30,7 Millionen pro Jahr mit einem Mittelwert von 23 Millionen. Von den 59,1 Millionen Menschen, die Ende 2021 als Binnenvertriebene galten, werden allerdings nur 5,9 Millionen – also nur etwa 10 % – als von Katastrophen Vertriebene betrachtet (vgl. IDMC 2022).

könnten. Eine durch eine künstliche bzw. nicht sinnvolle Addition erzeugte Wachstumsrate für den Zeitraum zwischen 2008 und 2019 für die weltweite Katastrophen- bzw. Klimaflucht wird dann als Grundlage für eine zukünftig zu erwartende Wachstumsrate genommen und einfach bis zum Jahr 2050 fortgeführt. So ergibt sich dann eine überwältigende Zahl von einer Milliarde Menschen. Dabei war schon die Zahl für das 2019 ziemlich unsinnig, die das IEP mit circa 300 Millionen Klima- oder Katastrophenflüchtlingen veranschlagte. Dagegen hatte das UNHCR für dasselbe Jahr die Gesamtzahl aller weltweit Geflüchteten (landesintern und grenzüberschreitend) mit 79,5 Millionen Menschen angegeben (vgl. Schraven 2020). Insgesamt kommen Metastudien zu dem Ergebnis, dass Migration eher durch langsam auftretende Klimaveränderungen zustande kommt und weniger häufig bei plötzlich auftretenden Ereignissen wie Überschwemmungen (vgl. Kaczan und Orgill-Meyer 2020).

Menschliche Mobilität im Kontext des Klimawandels findet häufig landesintern oder zwischen Nachbarländern statt, da die hauptsächlich vom Klimawandel betroffenen ärmeren Bevölkerungsgruppen zum Großteil im globalen Süden leben. Es handelt sich dabei vor allem um kleinbäuerliche Haushalte, urbane Arme oder Viehnomadinnen und -nomaden, die allesamt kaum die notwendigen Mittel besitzen, um über größere Distanzen hinweg zu migrieren. Entgegen der weit verbreiteten Annahme, dass Armut ein Faktor sei, der einen wesentlichen Migrationstreiber darstellt (siehe oben), zeigt sich auch hier, dass Armut Migration über längere Distanzen hinweg eher verhindert. Sehr häufig handelt es sich auch um zirkuläre Migration, also Migrationsprozesse, bei denen mehrfach zwischen zwei oder sogar mehr Regionen hin und her gewandert wird. Meist handelt es sich auch um wiederholte Wanderungen zwischen der Herkunfts- und Zielregion. Darüber hinaus stellt dies nicht die Migration ganzer Familien oder Haushalte dar, sondern es sind vorwiegend Individuen, die oftmals zeitlich begrenzt woanders hingehen, um dort zu arbeiten und daraufhin schließlich wieder zu ihren Heimstätten und Familien zurückzukehren (vgl. Schraven 2021).

Aus Sicht der Betroffenen ist das Gegenteil von Mobilität vielleicht sogar eine deutlich schlimmere Folge des Klimawandels: Vielen der besonders vulnerablen Bevölkerungsgruppen fehlen entweder die Ressourcen, um überhaupt mobil zu sein, oder der Klimawandel trägt zu einem Verlust dieser Ressourcen maßgeblich bei – etwa durch das dürrebedingte Verenden von Rindern bei Viehnomadinnen und -nomaden. Die Beschäftigung mit diesen sogenannten *trapped populations* hat sich in den letzten zehn Jahren zu einem anderen Schwerpunkt der Forschung bezüglich des Klima-Mobilitäts-Nexus entwickelt. Eine Migrationsentscheidung hängt zwar primär von finanziellen Mitteln ab, was gerade für Haushalte zu Beginn oft eine Herausforderung darstellt, die Reise überhaupt zu finanzieren. Doch auch soziale Netzwerke spielen eine wesentliche Rolle bei Migration (siehe oben; auch Foresight 2011). Einige Studien (vgl. etwa Ayeb-Carlsson et al. 2022) zeigen, dass Bevölkerungen oft aufgrund struktureller Probleme wie einem eingeschränkten Zugang zum Arbeitsmarkt und Vernachlässigung durch die Regierung gefangen sind. Die Folgen des Klimawandels mit langsamen und plötzlichen Umweltveränderungen können entscheidend zur Entstehung und Aufrechterhaltung von gefangenen Populationen beitragen, da er die Ressourcen und Mittel der betroffenen Haushalte schwächt und eine potenzielle Migrationsstrategie somit verhindert. Dies wiederum erhöht die Vulnerabilität der Haushalte gegenüber den zukünftigen Auswirkungen des Klimawandels.

Bangladesch ist ein gutes Beispiel dafür, wie der Klimawandel zur Schaffung von gefangenen Populationen beiträgt. Es ist eines der am meisten von Klimaänderungen gebeutelten Länder und ist primär betroffen von Zyklonen, Tsunamis und Überschwemmungen. Einige Studien (vgl. Penning-Rowsell et al. 2013) zeigen, dass Migration in diesem Kontext oftmals nur als letzter Ausweg bei größter Not zum Tragen kommt und von Umweltrisiken bedrohte Menschen dann meist nur über kurze Distanzen und Zeiträume hinweg migrieren. Dieses – oft in Ermangelung an Alternativen – Verweilen an einem Standort, der regelmäßig schweren Umweltrisiken ausgesetzt ist, macht viele Menschen gewissermaßen zu Gefangenen. Dauerhafte Migration ist oft nur möglich, wenn kein Land besessen wird, welches die Familie bzw. der Haushalt als

Haupterwerbsquelle nutzen muss. Und wenn migriert wird, dann ist es häufig der Mann, der migriert, während Frauen und Kinder zurückbleiben und dann von Klima- sowie Umweltrisiken besonders gefangen sind. Für Frauen ist es bedeutend schwerer, ihre Mobilität zu rechtfertigen. Vorgefertigte und gesellschaftlich verankerte Rollenbilder machen eine weibliche Migration oft unmöglich oder erschweren diese zumindest sehr (vgl. Penning-Rowsell et al. 2013). Auch andere gesellschaftliche Macht- und Organisationsstrukturen spielen eine große Rolle bei der Frage, wer letztendlich migrieren kann und wer nicht. Die Faktoren Alter oder Heiratsstatus spielen ebenso eine gewichtige Rolle, denn verheiratete Frauen etwa können sehr viel schwieriger migrieren als unverheiratete (vgl. Ayeb-Karlsson 2020).

Es ist nicht so, dass alle Menschen, die aufgrund der negativen Folgen des Klimawandels nicht migrieren, automatisch *trapped* oder gefangen sind. Im Gegenteil: Viele Menschen entscheiden sich bewusst dafür, ihren Heimatort trotz großer Risiken nicht zu verlassen, weil sie beispielsweise eine tief verankerte Verbundenheit zu ihrem Zuhause empfinden und dies auch elementarer Bestandteil ihrer Identität ist (vgl. Adams 2016). Dementsprechend sind einige Autorinnen und Autoren vorsichtig mit der Bezeichnung *trapped populations* und nutzen eher Begrifflichkeiten wie freiwillige oder unfreiwillige Immobilität (vgl. Ayeb-Karlsson et al. 2022).

Generell hat der Faktor Geschlecht bei klimabezogener Mobilität eine große Bedeutung, da Frauen und Männer ganz unterschiedliche Auswirkungen des Klimawandels erleben. Frauen haben in vielen Regionen und Ländern der Welt einen geringeren Zugang zu natürlichen Ressourcen. Dadurch sind sie potenziell stärker von Ereignissen wie Dürren oder Überschwemmungen betroffen. Aber auch wenn Frauen migrieren oder fliehen müssen, dann sind sie oft einem höheren Risiko als Männer ausgesetzt, da sie in der Regel weniger geschützt und häufiger von sexuellen Übergriffen oder auch Arbeitsausbeutung betroffen sind (vgl. zum Beispiel Lama et al. 2021). Allerdings steht die Forschung hinsichtlich der spezifischen Erfahrungen von unterschiedlichen Geschlechts-, Alters- oder anderweitig definierten Gruppen im Kontext des Klima-Mobilitäts-Nexus noch weitestgehend am Anfang (vgl. Schraven et al. 2020). In Anbetracht dieser Ergebnisse entbehren alarmistische Szenarien eines millionenfachen Ansturms von »Klimaflüchtlingen« in Richtung Europa daher einer seriösen wissenschaftlichen Grundlage.

Die Frage, ob der Klimawandel zu mehr bewaffneten Konflikten führt und diese dann wiederum mehr Flucht und Gewaltmigrationsaufkommen nach sich ziehen, ist anhand des aktuellen Standes der Forschung nur schwer zu beantworten. Nicht wenige Studien warnen, dass die Auswirkungen des Klimawandels zu einer zunehmenden Konkurrenz um knapper werdende Ressourcen und so zu einer Erhöhung des Konfliktpotentials beitragen können. Dadurch würde der Klimawandel wiederum zu einem indirekten Treiber von (Zwangs-)Migrationsbewegungen (vgl. Abel et al. 2019). Empirische Belege für einen Zusammenhang zwischen den Auswirkungen des Klimawandels und einer Zunahme bewaffneter Konflikte sind jedoch eher rar und eine direkte Korrelation ist zumeist nicht auszumachen (vgl. Koubi 2019). Es steht außer Zweifel, dass der Klimawandel ein Risiko-Multiplikator ist – also, dass er Konflikte um kostbare Ressourcen wie Wasser und Land grundsätzlich wahrscheinlicher macht. Und auch vor den Konflikten fliehende oder aufgrund von sich verschlechternden klimatischen Bedingungen migrierende Menschen machen eine starke Beanspruchung bzw. eine Überbeanspruchung natürlicher Ressourcen in den Zuzugsregionen wahrscheinlicher, wodurch auch dort potenziell neue Konflikte entstehen können (vgl. Přívara und Přívarova 2019).

Der Fall Syrien scheint diese Annahme auf den ersten Blick zu bestätigen: Nicht wenige führen den bewaffneten Konflikt in Syrien seit 2011 auf eine schwerwiegende Dürre im Osten Syriens mit daraus resultierenden (verheerenden) Ernteeinbußen in der zweiten Hälfte der 2000er Jahre zurück. Infolge dieser Dürre zogen viele Menschen aus den betroffenen landwirtschaftlichen Gebieten in die Großstädte, wo sie – so zumindest eine häufige Schlussfolgerung – eine entscheidende Rolle bei den Demonstrationen gegen das Assad-Regime einnahmen, welche dem bewaffneten Konflikt vorausgingen. Die gleiche Dürre traf jedoch auch Nachbarländer Syriens wie Israel, Jordanien oder den Libanon. In diesen Ländern kam es bekanntlich nicht zu Bürgerkriegen. So ließe sich auch argumentieren, dass die Schuld an der Eskalation wohl vor allem bei der syrischen

Regierung zu finden sei. Schließlich unternahm die Regierung Syriens offenkundig nicht viel gegen die Folgen der Dürre oder die Abwanderung der Menschen in die Städte. Vielmehr reagierte sie darauf mit massiver Repression und trug damit dazu bei, dass aus einem Volksaufstand ein Bürgerkrieg wurde. Hätte die syrische Regierung also eine bessere Wirtschafts- und Sozialpolitik betrieben und besser auf die Dürre reagiert, hätte es dann – Klimawandel hin oder her – den Konflikt nie gegeben? Das bleibt letztendlich Spekulation. Die Ursachen von (bewaffneten) Konflikten sind meist so komplex wie die Ursachen menschlicher Mobilität. Und auch wenn die Auswirkungen der globalen Erwärmung Konflikte insgesamt womöglich wahrscheinlicher machen, so sollte man nicht von einem Automatismus ausgehen, wonach der Klimawandel stets zu mehr oder intensiveren Konflikten führt (vgl. Scheffran 2020, Selby et al. 2017, Brzoska und Fröhlich 2016).

Allerdings können die Auswirkungen von Konflikten, Klimawandel und Migration sich auch wechselseitig verstärken. Das Fallbeispiel Afghanistan zeigt, dass gleichzeitig auftretende Umweltrisiken und gewalttätige Konflikte die Ressourcenbasis der betroffenen Bevölkerung in doppelter Weise untergraben: Ausbleibende Regenfälle und anhaltende Dürren schränken etwa die landwirtschaftliche Produktion massiv ein und Konflikte sowie Abwanderung behindern die Menschen daran, die durch die Produktionsausfälle entstehenden wirtschaftlichen Schäden auszugleichen. Afghanistan ist weltweit eines der am meisten durch den Klimawandel gefährdeten Länder und bereits jetzt erheblich von den Auswirkungen klimatischer Veränderungen betroffen, insbesondere durch häufigere und intensivere Überschwemmungen und Dürren. Die Auswirkungen in Form von lokal zunehmender Nahrungsmittelunsicherheit wiederum können als wesentlicher Migrationstreiber identifiziert werden (vgl. Přívara und Přívarova 2019).

Allerdings sollte Migration im Kontext des Klimawandels nicht pauschal als etwas Negatives betrachtet werden: Viele Studien der letzten Jahre (vgl. zum Beispiel Gemenne und Blocher 2017; Vinke et al. 2020) betonen, dass Migration unter Umständen auch eine Anpassungsstrategie sein kann. Soll heißen: Migration kann grundsätzlich auch einen Beitrag dazu leisten, dass Menschen hinsichtlich zukünftiger Auswirkungen des Klimawandels im wirtschaftlichen oder auch sonstigen Sinne besser geschützt sind. Dabei gilt es zu beachten, dass nicht nur die Migrantinnen und Migranten betrachtet werden dürfen, sondern auch ihre Familien, die Herkunftsorte/-regionen und auch die Zuzugsorte.

Die grundsätzlichen Mechanismen für eine derart positive Wirkung sind einleuchtend: Ein proaktiver Migrationsprozess kann die Resilienz von Haushalten erhöhen. Sie ziehen also um, bevor die Auswirkungen des Klimawandels zu gravierend werden und es ihnen unter Umständen unmöglich ist, sich vor Ort anzupassen. Letztendlich kann so auch eine Verbesserung der wirtschaftlichen Situation herbeigeführt und der Zugang zu verschiedenen Einkommensquellen ermöglicht werden. Ferner kann Migration ebenfalls die Möglichkeit bieten, sich weiterzubilden und so den Lebensunterhalt weiter zu diversifizieren. Dies alles ist vor allem dann der Fall, wenn die neuen Lebensgrundlagen weitestgehend klimatischen Stressfaktoren trotzen.

Rücküberweisungen von Migrantinnen und Migranten an die Familien in den Herkunftsländern oder -regionen sind zudem ein wichtiges Mittel, um ihren Familien dabei zu helfen, die Folgen von klimabedingen Schäden und Verlusten zu bewältigen. Allerdings geht es nicht nur um Geld. Auch das Verbreiten bzw. der Austausch von Wissen oder Fähigkeiten durch Migrantinnen und Migranten sowohl in den Herkunftsgebieten als auch in den Zuzugsregionen kann von großem Vorteil sein, wenn es um die Anpassung an den Klimawandel geht. Wissen über neue Anbaumethoden oder Bewässerungspraktiken kann ein Schlüssel sein, um eine landwirtschaftliche Produktion resilienter zu machen.

Letztendlich können auch aufnehmende Städte und Gemeinden von der Zuwanderung profitieren, indem sie den Arbeitskräftemangel und den demografischen Mangel beheben sowie lokales Wirtschaftswachstum ankurbeln, indem sie die Nachfrage steigern, den Handel fördern und neue Unternehmen gründen. In einigen Fällen können auch staatliche Mittel zur Unterstützung von Migrantinnen und Migranten bereitgestellt werden, die den aufnehmenden Gemeinden zugutekommen können, wenn sie in die öffentliche Infrastruktur und Dienstleistungen, wie Gesundheitseinrichtungen, investiert werden. Wenn die Zuwanderinnen und Zuwanderer Kenntnisse und Fähigkeiten mitbringen, die den aufnehmenden Kommunen bei Maßnahmen der Klimaanpassung zugutekommen, dann ist der gegenwärtige und zukünftige Nutzen der Zuwanderung enorm (vgl. McInerney et al. 2022).

Dies alles beschreibt allerdings eine Idealvorstellung. Migration führt in vielen Fällen eher dazu, dass Migrierende und ihre Familien ärmer werden und sich ihre Anpassungsfähigkeit an den Klimawandel sogar verringert. Das Fehlen adäquater Beschäftigung, Ausbeutung oder Ausgrenzung sind nur einige Faktoren, die oftmals den positiven Effekten von Migration behindern. Generell ist der Nutzen von Migration größer, wenn es sich um eine freiwillige und gut geplante Entscheidung handelt. Sofern die Migration allerdings der letzte Ausweg war, erhöht dies meist die Vulnerabilität und die Chance eines Abgleitens in eine Armutsspirale. Viele Migrantinnen und Migranten gehen jedoch auch in Regionen, die mittel- bis langfristig immer stärker von den Auswirkungen des Klimawandels betroffen sein werden. Dies gilt gerade für küstennahe Städte, wo schon heute der Anstieg des Meeresspiegels ein enormes Risiko für weite Teile der Bevölkerung darstellt. Daher kann Migration im Kontext klimatischen Wandels unter Umständen eine Wanderung »vom Regen in die Traufe« sein (vgl. Black et al. 2011; Vinke et al. 2020).

Die skizzierten grundlegenden Trends und Zusammenhänge hinsichtlich Flucht und Migration sollen anhand der Forschungsergebnisse seit etwa der Jahrtausendwende zu den drei Regionen Westafrika, Ostafrika und MENA (*Middle-East, North-Africa*) näher beleuchtet werden. Alle drei Regionen (siehe *Abbildung* 4) stehen bereits seit einiger Zeit im politischen Fokus Europas – vor allem im Kontext von Flucht und irregulärer Migration (vgl. zu West- und Ostafrika auch Schraven et al. 2020).

Abbildung 4: Westafrika, Ostafrika und die MENA-Region

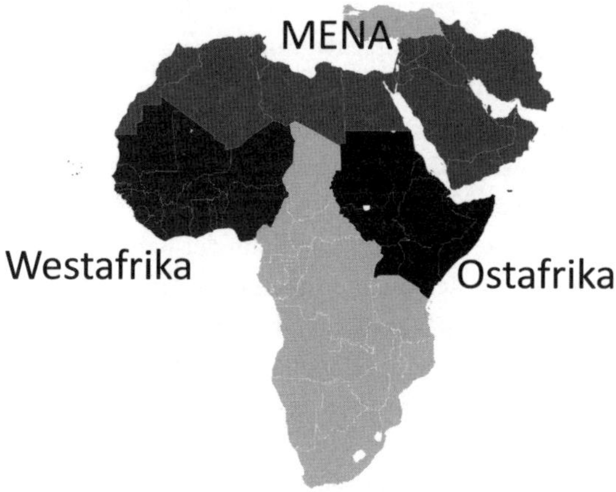

Quelle: Eigene Darstellung

Westafrika: Der Klimawandel trifft auf eine hochmobile Region

Die Region Westafrika sieht sich mit erheblichen Veränderungen der klimatischen und umweltbezogenen Bedingungen konfrontiert. Diese Veränderungen haben sich in hohen jährlichen und interdekadischen Niederschlagsschwankungen, steigenden Temperaturen sowie sehr viel häufigeren und intensiveren, langsam auftretenden Ereignissen wie dem Anstieg des Meeresspiegels, Überschwemmungen und Dürren manifestiert (vgl. Nicholson 2000; Giannini et al. 2008). Dies hat weitreichende negative Auswirkungen hinsichtlich der Produktivität von Ackerbau und Viehzucht (vgl. Roudier et al. 2011). Die durchschnittliche jährliche Niederschlagsmenge in der Region liegt im Allgemeinen zwischen 600– 1600 mm in den feuchten tropischen Zonen im Süden und 100– 200 mm in den nördlichen Randgebieten der Sahelzone (vgl. Brooks 2004; Nicholson 2005). Allerdings war die Region auch in den 1970er und frühen 1980er Jahren von einer länger anhaltenden Dürreperiode mit einem entsprechenden Rückgang des mittleren jährlichen Niederschlags von 20 – 30 % betroffen (vgl. Sylla et al. 2016).

Die Analyse der Niederschlagsaktivität in der Region seitdem deutet zwar auf eine Erholung der Niederschlagsmenge in der gesamten Region hin (vgl. Nicholson 2005), aber das Einsetzen der saisonalen Niederschläge ist dennoch zunehmend unvorhersehbar und führt zu einem frühzeitigen Aufhören der Niederschläge sowie zu längeren Trockenperioden innerhalb der Saison (vgl. Sarr 2012; Salack et al. 2016). Regionale Klimamodelle (RCMs) prognostizieren, dass die Niederschlagsaktivität auch in Zukunft sehr variabel bleibt und die Niederschlagsmengen in ganz Westafrika bis zum Jahr 2100 voraussichtlich um 5 bis 40 % abnehmen werden (vgl. Sylla et al. 2016). Die hohe Variabilität der Niederschläge und die damit verbundene Unvorhersehbarkeit sowie ein oft frühzeitiges Ende der Regenzeit gefährden die Ernährungssicherheit in Ländern der Sahelzone wie Mali, Senegal und Burkina Faso und erhöhen das Risiko von Nahrungsmittelengpässen (vgl. Robison und Brooks 2010). Denn die zunehmende Variabilität der Niederschläge in Verbindung mit anderen Faktoren wie einer Übernutzung von Böden führt häufig auch zu Wasserstress, Überflutung von Niederungen und im Endeffekt schließlich zu erheblichen negativen Auswirkungen auf die Ernteerträge (vgl. Salack et al. 2015). Als Reaktion darauf haben sich viele Landwirte auf den Anbau ertragsstarker und eher kurzzyklischer Pflanzensorten eingestellt, um ihre Widerstandsfähigkeit und Produktivität zu erhöhen. Allerdings ist der kontinuierliche Rückgang der Erträge bei Grundnahrungsmitteln wie Hirse, Sorghum und Mais sowohl in den trockeneren Gebieten von Senegal und Mali, Niger, Burkina Faso, Nord-Togo und -Benin schon länger deutlich zu spüren (vgl. Roudier et al. 2011). Die Auswirkungen auf die landwirtschaftlichen Lebensgrundlagen und Erträge machen die schon seit Jahrzehnten etablierte zirkuläre oder saisonale Migration von Menschen aus zumeist kleinbäuerlichen, ländlichen Familien in städtische oder andere ländliche Gebiete sowie grenzüberschreitende Mobilität aus den trockeneren Gebieten von Burkina Faso, Niger und Mali in die Elfenbeinküste, Togo und Ghana zu einer wichtigen Bewältigungsstrategie (vgl. van der Geest 2011; Rademacher-Schulz et al. 2014; van der Land et al.

2018). Gerade saisonale Migration stellt einen Mechanismus zur Einkommensdiversifizierung dar und wird auch genutzt, um die Auswirkungen von Niederschlagsschwankungen, welche wiederum zu Ernteausfällen führen, zu minimieren (siehe oben; Hummel 2016). Einige empirische Studien legen nahe, dass sich die traditionellen Muster der saisonalen Migration – Menschen migrieren nur während der Trockenzeit, wenn in den Savannengebieten Westafrikas kein Regenfeldbau möglich ist – langsam auflösen und die Migration auch schon während der Regenzeit beginnt und sich von den landwirtschaftlichen Zyklen der Heimatregionen entkoppelt (vgl. Rademacher-Schulz et al. 2014).

Insgesamt werden die Schwankungen der Niederschläge und die damit verbundenen Auswirkungen auf die ländlichen Lebensgrundlagen und die Volkswirtschaften auch langfristig negative Folgen für die Ernährungssicherheit und die Bevölkerung in den Randgebieten haben. Trotz der Unsicherheiten in Bezug auf die zukünftigen Auswirkungen des Klimawandels in der Region wird die Bedrohung der Ernährungssicherheit und der Lebensgrundlagen möglicherweise die Abwanderung aus ländlichen in städtische Gebiete und über die Grenzen hinweg in Staaten in feuchteren Regionen südlich der westafrikanischen Sahelzone verstärken. Viele Menschen werden möglicherweise zwangsweise immobil und haben nicht die Möglichkeit zu migrieren, weil ihnen das dafür notwendige Geld fehlt oder sie keinen Zugang zu entsprechenden sozialen Netzwerken haben. Da es in den betroffenen Ländern kaum Mechanismen sozialstaatlicher Absicherung für vulnerable Bevölkerungsgruppen gibt, wird der Klimawandel diese Problematik in der Zukunft wahrscheinlich noch verstärken und weite Teile gerade der ländlichen Bevölkerung in Westafrika bedrohen (vgl. Schraven et al. 2020).

Westafrika hat ein sehr variables Klimasystem, das durch anhaltende Dürreperioden und wiederkehrende Dürren gekennzeichnet ist (vgl. Brooks 2004). Diese Dynamik führte in der gesamten Region schon häufig zu signifikanten Niederschlagsrückgängen und Dürren (vgl. Dai et al. 2004). Seit den 1970er Jahren wechselten sich in der Region Dürreperioden mit Überschwemmungen ab. Starke Regenfälle führten seit den 1990er Jahren in Westafrika häufig zu verheerenden Sturzfluten und Flussüberschwemmungen und dem damit verbundenen Verlust von Menschenleben und erheblichen Sachschäden (vgl. Nka et al. 2015; Schraven et al. 2020).

Im Falle Westafrikas werden die Häufigkeit und die negativen Auswirkungen von Überschwemmungen auf die Bevölkerung zunehmend zu einer ernsthaften Herausforderung für Regierungen und politische Entscheidungsträger. Neben Sturzfluten und über die Ufer tretende Flüsse durch starke Regenfälle sind Küstenkommunen und vor allem küstennahe Großstädte wie Dakar, Lagos, Abidjan, Lomé und Accra aufgrund des Anstiegs des Meeresspiegels – und einer eher hinterherhinkenden Stadtentwicklung angesichts der zunehmenden Urbanisierung – regelmäßigen Überschwemmungen ausgesetzt (vgl. Rain et al. 2011; Owusu und Nursey-Bray 2019). In einigen Küstengemeinden beispielsweise bewegte die Überflutung durch Meerwasser aufgrund des steigenden Meeresspiegels bereits Menschen zum Wegzug (vgl. Fagotto 2016). Die ghanaische Küstenstadt Ketaetwa verzeichnet einen Meeresspiegelanstieg von 3 mm pro Jahr. Aufgrund des damit verbundenen Verlusts der Küstenlinie von 2,66 m pro Jahr durch Erosion hat die ghanaische Regierung ein Projekt initiiert, um Land von der fortschreitenden Küstenlinie zurückzugewinnen. Trotzdem kommt es in der Gemeinde Keta immer wieder zu Überschwemmungen mit weitreichenden Auswirkungen auf Eigentum und Lebensgrundlagen. Laut Hillmann und Ziegelmayer (2016) sind Überschwemmungen und Küstenerosion hauptursächlich für Wegzugsraten aus der Kommune Keta.

Obwohl auf der knapp 1000 Kilometer langen Küstenstrecke zwischen Abidjan und Lagos zig Millionen Menschen in verschiedenen Ballungsräumen – einer im Werden begriffenen Megalopolis – leben, scheinen in der westafrikanischen Region die verheerenden Auswirkungen von Überschwemmungen und des Anstiegs des Meeresspiegels jedoch vergleichsweise nur wenig politische oder wissenschaftliche Aufmerksamkeit zu finden. Der scheinbare Mangel an Aufmerksamkeit könnte durch die allgemeine Wahrnehmung einer Sahelzone bedingt sein, die vor allem als Dürreregion bekannt ist. Allein im Jahr 2007 waren jedoch in den elf westafrikanischen Ländern Mali, Burkina Faso, Mauretanien, Niger, Elfenbeinküste, Senegal, Gambia, Liberia, Togo, Sierra Leone und Ghana mehr als

500.000 Menschen von Überschwemmungen betroffen. Ähnliche Fälle von schweren Regenfällen im Jahr 2012 führten zu Überschwemmungen und Schäden in Kamerun, Tschad, Niger, Nigeria und Senegal. Vor allem die Überschwemmungen von 2012 führten zur (temporären) Vertreibung von 2,1 Millionen Menschen und enormen Schäden. Schwere Überschwemmungen gab es zum Beispiel auch 2017, als zudem 12 der 13 Regionen in Burkina Faso von starken Winden betroffen waren. Im Falle Togos sind Überschwemmungen in städtischen und ländlichen Gebieten ein regelmäßig auftretendes Phänomen. Es ist dort jedoch eine Zunahme sowohl hinsichtlich der Häufigkeit als auch der Intensität von Überschwemmungen zu beobachten. Überschwemmungen haben in den letzten zwei Jahrzehnten in vielen Teilen des Landes zu Todesfällen, Vertreibungen und der Zerstörung ganzer sozioökologischer Systeme geführt. Bei schweren Regenfällen und den damit verbundenen Überschwemmungen im Jahr 2007 waren beispielsweise mehr als 120.000 Menschen betroffen. Außerdem wurden insgesamt 13 764 Menschen vertrieben, und Berichten zufolge kamen in den Gebieten nahe dem Einzugsgebiet des Mono-Flusses viele Menschen ums Leben (vgl. Schraven et al. 2020; Ntajal et al. 2016). Auch 2017 führten übermäßige Regenfälle in den nördlichen Teilen des Landes zu starken Überschwemmungen, welche die Rückhaltekapazität des Nangbéto-Wasserkraftdamms überstiegen. Der Überlauf des Wassers aus dem Damm überschwemmte Dörfer, die an den Mono-Stausee grenzen, und führte zur Vertreibung von 3 612 Menschen. Angesichts der Zerstörungen sowie der massiven Vertreibung von Menschen, die Sturzfluten und Flussüberschwemmungen sowohl in der Savanne als auch in den Küstengebieten des Landes immer wieder verursachen, hat Togo in seiner nationalen Anpassungsstrategie dringend die Notwendigkeit eines Frühwarnsystems betont (vgl. Sward und Codjoe 2012).

Auch im Senegal stellen jährliche Überschwemmungen immer wieder eine echte Bedrohung für die Menschen im Land dar. Schätzungen zufolge sind dort jährlich etwa 200.000 Menschen von Überschwemmungen betroffen. Wie Schwarz et al. (2018) feststellen, ist das Hochwasserrisiko in der städtischen Küstenstadt Dakar besonders hoch. Im Jahr 2009 beispielsweise verursachten weit verbreitete

Überschwemmungen allein in Dakar Schäden und Verluste in Höhe von bis zu 104 Millionen US-Dollar. Darüber hinaus stellt die Küstenerosion eine Bedrohung für fast alle Küstengemeinden des Landes dar. Die Auswirkungen der starken Meereswellen und der Küstenerosion führten dazu, dass mehrere Küstengemeinden vertrieben und umgesiedelt wurden, weil die Küstenlinie immer weiter vorrückte und die Gemeinden dadurch allmählich verschwanden. Neben den Überschwemmungen und der Erosion an der Küste wurden ebenfalls viele Menschen im Norden Senegals vertrieben und obdachlos. Als Reaktion darauf gibt es in den betroffenen Kommunen eine verstärkte Migrationstätigkeit (vgl. Schraven et al. 2020).

Auch in der Elfenbeinküste und Mali stellen Überschwemmungen eine Herausforderung dar. Nach sintflutartigen Regenfällen im Juni 2018 wurden in der Küstenstadt Abidjan (Elfenbeinküste) viele Häuser überflutet bzw. zerstört. Abgesehen von den 18 Todesopfern wurden viele Menschen vertrieben und andere waren gezwungen, umzuziehen oder bei Verwandten Zuflucht zu suchen. Während auch eine mangelhafte Stadtentwicklung für die Verwüstungen verantwortlich gemacht wurde, empfahl die Regierung die Evakuierung von Bewohnern überschwemmungsgefährdeter Gebiete wie auch die Zerstörung von Gebäuden, die Abflüsse und Wasserwege blockieren, als Maßnahmen zur Bekämpfung der Bedrohung. In Bamako (Mali) starben im Jahr 2013 24 Menschen bei Überschwemmungen, die durch sintflutartige Regenfälle verursacht wurden. Der über die Ufer getretene Niger führte zur Vertreibung von Menschen und zur Zerstörung von mehr als 100 Häusern. Die Überschwemmungen in Benin im Jahr 2010 wurden als die schlimmsten seit 1963 bezeichnet. Die Schwere der Überschwemmung führte zum Tod von 56 Menschen und machte weit über 50.000 Menschen obdachlos. Auch Sierra Leone ist seit vielen Jahren (zuletzt 2022) von schweren Überschwemmungen infolge von Starkregen betroffen (vgl. Schraven et al. 2020).

Für die westafrikanische Region sind Überflutungen durch Meerwasser und Überschwemmungen aufgrund von starken Regenfällen und Flussüberschwemmungen wiederkehrende Gefahren, die potenziell eine immer größere Herausforderung darstellen. Auch wenn Überschwemmungen bisher nicht zu permanenten Massenvertreibungen geführt haben, wird die Frage von Umsiedlungen und den zukünftigen Auswirkungen von Flutereignissen auf Migration immer wichtiger werden (vgl. Tschakert et al. 2010). Denn Starkregenfälle und der Anstieg des Meeresspiegels werden die Intensität sowie Ausbreitung von Überschwemmungen in Westafrika potenziell verstärken. Daher werden auch integriertes Hochwassermanagement, Frühwarnsysteme oder eine bessere Raumplanung immer wichtiger, um die verheerendsten Folgen vor allem für die vulnerablen Bevölkerungsgruppen zu minimieren.

Wie schon erwähnt, führten vor allem die Dürren in den 1970er und 1980er Jahren zu Nahrungsmittelknappheit und zum Tod von Menschen und Vieh. Wiederkehrende und verheerende Dürreperioden trugen dazu bei, dass es in den besonders trockenen Gebieten von Mali, Niger, Senegal, Nordnigeria und Burkina Faso zum Verlust von Ackerland und Viehbeständen sowie zum Rückgang der Ernteerträge kam. Im Jahr 2010 beispielsweise waren in Westafrika infolge schwerer Dürren 10 Millionen Menschen von Hunger betroffen. In diesem Zeitraum waren Sahelländer wie Niger, Tschad, Mali, Burkina Faso und Mauretanien am stärksten betroffen, als die vorangegangenen Niederschlagsanomalien und -rückgänge in niedrigen Getreideernten gipfelten. Schätzungen zufolge ist die Nahrungsmittelproduktion seither um 25 % zurückgegangen. Auch im Einzugsgebiet des Tschadsees in Teilen Nigerias, Tschads, Nigers und Kameruns stellt das stetige Schrumpfen des Sees aufgrund von längeren Dürreperioden und einer extensiven Wassernutzung eine existenzielle Bedrohung für das Überleben von etwa 40 Millionen Menschen dar. Verschiedene empirische Studien deuten darauf hin, dass die sich gegenseitig verstärkenden Auswirkungen des Bevölkerungswachstums, der Ausweitung der Landwirtschaft, des Verlusts der Vegetation, der Wasserknappheit und der Bodendegradation die Wüstenbildung und das Schrumpfen des Sees weiter beschleunigen werden (vgl. Gautier et al. 2016).

Abgesehen von den Auswirkungen auf die Ernährungssicherheit, die dürrebedingte Wasserknappheit, die Mobilität und den Wettbewerb bei der Nutzung knapper natürlicher Ressourcen sind wiederkehrende Dürren auch ein wesentlicher Faktor für Konflikte zwischen Bauern und Hirten sowie auch für zwischenstaatliche

Spannungen bei der Nutzung grenzüberschreitender Wasserressourcen (vgl. Brown und Crawford 2008; Cabot 2017). Im Laufe der Jahre haben sich die Lebensgrundlagen und sozialen Systeme der Sahelzone an die jahrelangen Klimaschwankungen und -extreme angepasst, was sich in der Diversifizierung der Lebensgrundlagen und der Mobilität sowie dem Pastoralismus zeigt. Dennoch werden die Auswirkungen von Dürre und Wasserknappheit auf die Nahrungsmittel- und Viehproduktion nicht nur zu einem Anstieg der Zahl der Binnenvertriebenen beitragen, sondern auch die Ernährungsunsicherheit und Umweltknappheit in der Region verschärfen (vgl. Hammer 2004). Da gewaltsame Konflikte zwischen Landwirten und Hirten oder Spannungen im Zusammenhang mit der Wasserversorgung immer häufiger vorkommen, ist nicht auszuschließen, dass Spannungen eskalieren und latente Konflikte entfacht werden. Dies wird unweigerlich auch Auswirkungen auf die ohnehin fragile Sicherheitslage und Stabilität in der Region haben. Wie in den meisten Teilen Westafrikas ist auch in Mali und Burkina Faso sowohl die interne als auch die grenzüberschreitende Mobilität der Menschen ein altbekanntes und nach wie vor weit verbreitetes Phänomen. In beiden Ländern ist die Migration seit langem eine Strategie zur Bewältigung von Umweltbelastungen. Die Auswirkungen der Dürre im Jahr 2012, von der 19 Millionen Menschen in Westafrika betroffen waren, waren in beiden Ländern enorm (vgl. Pearson und Niaufre 2013). Die Instabilität, die seit besonders in den letzten gut zehn Jahren in der Sahelzone um sich greift, wurde durch die Schwere der Dürre in den sahelischen Gebieten im Norden von Burkina Faso und Mali noch einmal vergrößert. Da die am stärksten gefährdeten Haushalte oft nur begrenzte Anpassungsmöglichkeiten haben, greifen die Menschen in diesen dürregefährdeten Gebieten häufig auf bereits etablierte Mobilitätsmuster zurück, indem sie als Bewältigungsstrategie in andere Gebiete abwandern.

Interessanterweise stellte Findley (1994) auf Grundlage einer Analyse von historischen Längsschnittdaten über die Migration in Mali fest, dass es bei Dürren keinen signifikanten Anstieg der Migration gab. Während der schweren Dürre von 1983 bis 1985 war hingegen ein dramatischer Anstieg der Zahl der Frauen und Kinder zu verzeichnen, die abwanderten. Parallel zu diesem Anstieg wurde eine Verlagerung hin zu eher kurzzeitigen, zirkulären Wanderungen beobachtet. Trotz der Erkenntnis, dass die Verbindung zwischen Dürre, Wüstenbildung, Ernährungsunsicherheit und Mobilität nicht eindeutig war, weisen Pearson und Niaufre (2013) darauf hin, dass Zeiten extremer Dürre in Mali häufig die Zahl der interregionalen Migration erhöhen. In ihrer Studie wurde festgestellt, dass 42 % der Haushalte ihre saisonale Migration während schlechter Ernten intensivierten, während 17 % bzw. 13 % bei Ernteausfällen und extremen klimatischen Ereignissen wie Dürren migrierten. Hummel (2012) stellt fest, dass 40 % der Menschen in ihrem Untersuchungsgebiet in Bandiagara (Mali) Migration als Bewältigungsstrategie für Klimaschocks wie Dürren einsetzten. Ähnlich wie in Mali gibt es auch in Burkina Faso ein Nord-Süd-Migrationsmuster innerhalb des Landes sowie eine intensive grenzüberschreitende Mobilität in Richtung Elfenbeinküste und Ghana. Allerdings folgt die Binnenmigration in Burkina Faso einem Muster von Migration aus ländlichen Regionen in andere ländliche Regionen (vgl. Henry et al. 2004; Nielsen und Reenberg 20102010). Bei der ethnischen Gruppe der Rimaiibe in Biidiin im Norden Burkina Fasos etwa trugen die Auswirkungen von Dürren und stark schwankenden Niederschlägen dazu bei, das traditionelle Muster der Arbeitsmobilität im Dorf weiter zu festigen. Wie Nielsen und Reenberg (2010) feststellten, wandern die meisten jungen Rimaiibe – zumindest zeitlich begrenzt – in urbane Gebiete (vor allem nach Abidjan) ab, um so auf die Auswirkungen von Dürre und Regenmangel auf die Verfügbarkeit von Nahrungsmitteln zu reagieren. Die Rimaiibe wandern oft ab, um zu arbeiten und Geld zu verdienen, vor allem für Lebensmittel. In den trockenen Regionen im Norden Nigerias ist das nicht anders. Wiederkehrende schwere Dürren und Niederschlagsschwankungen stellen eine Bedrohung für den Lebensunterhalt sowohl kleinbäuerlicher als auch viehnomadischer Familien in der Region dar. Das Problem schwerer Dürren und die damit verbundenen Auswirkungen auf die Ernten in der Region waren die Ursache für die Verarmung und die Unterbindung wirtschaftlicher Aktivitäten, insbesondere in Gebieten, in denen der Ackerbau die Haupteinnahmequelle der Menschen ist. Die Mehrheit der Betroffenen sieht sich oft dazu gezwungen, in die feuchteren

Gebiete in der Mitte und im Süden Nigerias auszuwandern. Konflikte um die Nutzung knapper natürlicher Ressourcen durch den Zustrom von Hirten sind neben anderen sozioökonomischen und politischen Faktoren eine wesentliche Ursache für gewaltsame Konflikte zwischen Hirten und örtlichen Bauern im Land (vgl. Okeke 2014).

Da zukünftige Klimaveränderungen wohl zu einer weiteren Zunahme der Häufigkeit und Intensität von Extremereignissen in Westafrika führen werden, ist ein integrierter Ansatz für Wasser- und Ressourcenmanagement, Nahrungsmittelpuffer, robuste Klimaprognosen und eine *climate-smarte* Landwirtschaft erforderlich. Dies wäre von entscheidender Bedeutung, um die Auswirkungen von Dürren und Niederschlagsdefiziten auf die Verfügbarkeit von Nahrungsmitteln sowie auf arme ländliche Haushalte zu bewältigen, die hauptsächlich von der klimaabhängigen Landwirtschaft leben. Zusätzliche Strategien in Form von groß angelegten Aufforstungsprogrammen zur Eindämmung von Wasserverlusten, zur Verbesserung der Bodenbedingungen und der Wasserrückhaltung wie auch die Bereitstellung von Wasserstellen für Viehnomaden oder auch Staudämmen zur Förderung der Bewässerungslandwirtschaft müssen verstärkt in Betracht gezogen werden, um die verheerenden Auswirkungen von Klimaextremen zu minimieren. Diese Initiativen sollen wesentlich dazu beitragen, dürrebedingte Nahrungsmittelknappheit und Ressourcenkonflikte insbesondere in den Randgebieten der Sahelzone zu vermeiden.

Im Hinblick auf die menschliche Mobilität ist davon auszugehen, dass schlechte Ernten tendenziell die Fähigkeit der Menschen in ländlichen Räumen Westafrikas eher einschränken, über weite Entfernungen zu migrieren. Klima- und Umweltwandel können also gleichzeitig eine treibende Kraft und ebenfalls ein Hindernis für Migration sein (vgl. Schraven et al. 2020)

Ostafrika: Konflikte, Krisen, Klimawandel

Auch Ostafrika ist eine Region, die besonders stark von den negativen Auswirkungen des Klimawandels betroffen ist und dies zukünftig sein wird. Diese negativen Auswirkungen umfassen: Niederschlagsschwankungen, unregelmäßige Niederschläge, die zu Überschwemmungen führen, Temperaturanstieg mit Hitzewellen, mehr Verdunstung und eine Zunahme von Dürren (vgl. Schraven et al. 2020).

Sowohl die landwirtschaftliche Produktion als auch die Ernährungssicherheit insbesondere in den trockeneren Regionen sind aufgrund der höheren Wahrscheinlichkeit von Trockenperioden und Starkregenereignissen während der Regenzeit zunehmend gefährdet (vgl. Huho und Mugalavai 2010). Viele Menschen sind vulnerabel, was auf ein hohes Maß an Armut, fragile Kontexte und das Vorhandensein verschiedener gewaltsamer Konflikte in Teilen der Region zurückzuführen ist (vgl. Collier et al. 2008). Außerdem sind verschiedene Formen der Mobilität als Bewältigungs- und Anpassungsmechanismen an Lebensstressoren weit verbreitet wie zum Beispiel (zirkuläre) Land-Stadt-Migration und Pastoralismus (vgl. Wiederkehr et al. 2018). Im Vergleich zum westlichen und südlichen Afrika ist das Risiko von Zwangsvertreibung in Ostafrika im Allgemeinen am stärksten ausgeprägt. Neben der hohen Zahl von Flüchtlingen und Binnenvertriebenen aufgrund der anhaltenden (politisch bedingten) Konflikte wurden zahlreiche weitere Menschen aufgrund von Ressourcenknappheit oder Katastrophen vertrieben (vgl. Afifi et al. 2012). Entwicklungsprojekte wie der Bau von Staudämmen und die Umwandlung indigener Weide- und Agrarflächen in Plantagen stellen ebenfalls wesentliche Risikofaktoren für Zwangsmigration dar. Alle diese Risikofaktoren sind oft eng miteinander verwoben (vgl. Maru 2017).

Der Temperaturanstieg und höhere Verdunstungsraten führen unter anderem zur Degradierung von Feuchtgebieten. In einem Bericht des IPCC über die regionalen Auswirkungen des Klimawandels wurde bereits 1997 festgestellt, dass viele Stauseen in Afrika, wie der Viktoriasee, bedroht sind. Viele Gewässer reagieren sehr empfindlich auf Veränderungen des Abflusses. Die Seen im ostafrikanischen Grabenbruch haben ein empfindliches hydrologisches Gleichgewicht. Im vorletzten Sachstandsbericht (vgl. IPCC AR5) aus dem Jahr 2014 zeigen Klimamodellprojektionen eine Erwärmung in allen vier Jahreszeiten in Äthiopien, was zu einer höheren Häufigkeit von Hitzewellen sowie zu höheren Verdunstungsraten mit Auswirkungen auf Seen und Flüsse führen kann (vgl. Conway und Schipper 2011). Für Ostafrika wird mit hoher Wahrscheinlichkeit eine Zunahme der Starkniederschläge prognostiziert (vgl. Seneviratne et al. 2012). Der afrikanische Grabenbruch besteht aus einer Kette von Seen, Bächen und Feuchtgebieten mit einzigartigen hydrologischen und ökologischen Merkmalen und einer großen Artenvielfalt. Diese Fluss- und Seebecken haben allesamt mit dem Problem eines sinkenden Wasserspiegels zu kämpfen. Steigende Temperaturen sowie häufigere und intensivere Überschwemmungen und Dürren haben im Grabenbruch-Becken zu erheblichen Veränderungen des Wasserhaushalts der Seen geführt (vgl. Chimdesa 2016). In Äthiopien beispielsweise leiden die zwölf großen Flusseinzugsgebiete und Seen des äthiopischen zentralen Grabenbruchs unter dem steigenden Druck auf ihre Wasserquellen. Experten führen die sinkenden Grundwasserspiegel nicht nur auf den Klimawandel zurück, sondern auch auf lokale menschliche Aktivitäten, wie die Viehhaltung, Bewässerungsprojekte und industrielle Tätigkeiten, wie Blumenzucht, Sodagewinnung und Fischzucht. Darüber hinaus stellen Bodendegradation, Entwaldung, Überweidung, Bodenerosion, Abfallentsorgung und Sedimentbelastung eine Bedrohung für die Gewässer dar.

Zudem führen der Temperaturanstieg und schwankende Niederschlagsmuster zu hoher Verdunstung, Versalzung und Wasserknappheit. Das gleiche Problem besteht am Ziway-See und am Abijata-See im oberen äthiopischen Bereich des Grabenbruchs (vgl. Klimawandel, Übernutzung trocknet äthiopische Seen aus 2018; GFDRR 2011). Der Viktoriasee, der zweitgrößte Süßwassersee der Welt, wird durch den Klimawandel, menschliche Aktivitäten, die Wasserentnahme für die Stromerzeugung aus Wasserkraft und eine boomende Fisch-Exportindustrie belastet. In Uganda gibt es Konflikte um die Wassernutzung und den Zugang zu Land. Ferner entstanden dort Fischgründe, die lokale, von der Fischerei abhängige Gemeinschaften bedrohen (vgl. Mwiturubani 2010). Reuter (vgl. 2014) berichtet sogar von der Vertreibung marginalisierter Gruppen, wie der Fischer am Viktoriasee in Uganda, denen der Zugang zum See und seinen Fischressourcen verwehrt wird. Über die Zusammenhänge zwischen der Austrocknung des Sees und der Mobilität der Menschen gibt es jedoch nur wenige Studien.

Trotz der positiven Aussichten, dass die Region aufgrund der Auswirkungen der globalen Erwärmung feuchter wird, hat sie mit großen Klimaschwankungen, steigenden Temperaturen und schweren Dürreperioden zu kämpfen. Nach verheerenden Dürreperioden und Nahrungsmittelknappheit in Somalia und Südostäthiopien (vgl. FEWS NET 2017) haben viele Wissenschaftlerinnen und Wissenschaftler damit zu kämpfen, einige klimatische Ungereimtheiten zu verstehen und bezeichnen die jährlich trockener werdenden Bedingungen als *ostafrikanisches Klimaparadoxon* (vgl. Rowell et al. 2015; Rowell und Chadwick 2018). Während der Klimawandel und die Umweltbedingungen zur Virulenz und zum Wiederauftreten bestimmter Krankheiten in der Region beitrugen, gefährdeten die Auswirkungen von Niederschlagsschwankungen und schweren Dürren die Ernährungssicherheit und die Lebensgrundlagen der Hirten stark und sind in vielen Fällen die Ursache für akute Konflikte, Massenvertreibungen und Flüchtlingsmobilität in der Region (vgl. Afifi et al. 2012; Raleigh und Kniveton 2012).

In Äthiopien sind die starke räumliche und zeitliche Variabilität der Niederschläge ein festes Merkmal der Klimadynamik des Landes. Für das Land ist der Regenfeldbau nach wie vor ein wichtiger Wirtschaftszweig. Ungünstige Niederschlagsschwankungen stellen jedoch eine Herausforderung für die Pflanzen- und Tierproduktion dar und sind häufig der Grund für Nahrungsmittelknappheit (vgl. Hameso 2018). Im Borana-Gebiet in Südäthiopien haben die Niederschlagsschwankungen zu sinkenden Ernteerträgen, Wasserknappheit und Wettbewerb um Ressourcen zwischen Hirten und Bauern geführt. Neben den Konflikten, die sich aus dem Wettbewerb um die Nutzung von Wasserressourcen und Weideland ergeben, haben die unsicheren Niederschläge und Armut dazu geführt, dass viele Hirtenfamilien zum Ackerbau übergegangen sind (vgl. Tache und Oba 2010). Analog zu diesen Beobachtungen weist auch Bewkett (2009) darauf hin, dass Niederschlagsschwankungen die Ursache für einen Einbruch der Getreideproduktion vor allem in der Amhara-Region sind. Das damit einhergehende Risiko zunehmender Nahrungsmittelknappheit ist ein wichtiger Faktor für eine beobachtete Zunahme der temporären Migration (insbesondere von Männern) in sowohl städtische als auch ländliche Gebiete des Landes als Strategie zur Einkommensdiversifizierung (vgl. Kassie et al. 2013; Adimassu et al. 2014). Auch in Kenia sind die räumliche Verteilung und die Menge der Niederschläge nach wie vor entscheidend für die regenabhängige Landwirtschaft. Nyaoro et al. (2016) stellen fest, dass Wetterextreme wie Sturmfluten, Hitzewellen und zu viel oder zu wenig Regen ein häufiges Merkmal des kenianischen Klimas sind. Die jüngsten besonderen Klimabedingungen in Kenia weisen eine größere Variabilität auf als früher. Die Autoren bringen die erhöhte Variabilität mit den regionalen Auswirkungen der globalen Erwärmung in Verbindung. In Kenia führte der Temperaturanstieg generell zu geringeren Niederschlägen, kürzeren Regenzeiten und längeren Trockenperioden. Neben der langsam einsetzenden Degradation und Wüstenbildung haben auch plötzlich auftretende Ereignisse wie Überschwemmungen zugenommen. Der Lebensunterhalt von Landwirten und Viehzüchtern hängt in hohem Maße von der Niederschlagsaktivität ab. Wissenschaftliche Analysen der Niederschlagstrends scheinen zwar die weit verbreitete Wahrnehmung abnehmender Niederschläge im ganzen Land zu widerlegen (vgl. Meze-Hausken 2004), doch trugen die abnehmenden Niederschläge dazu bei, dass die saisonalen Wanderungen der Hirten auf der Suche nach Weideland und Wasser an Intensität zugenommen und sich die zurückgelegten Entfernungen verdreifacht haben (vgl. Herrero et al. 2010). Die Intensivierung dieser bereits etablierten Mustern der saisonalen Migration und der Wettbewerb um knappe Ressourcen sind vermehrt Ursache für Konflikte zwischen Bauern und Hirten. In Zeiten von Dürre, Missernten und Hungersnöten ziehen die Menschen nachweislich in die Wälder und Schutzgebiete, um Weideland zu finden, Waldprodukte zu ernten und von der kühleren Umgebung des Waldes zu profitieren (vgl. Nyaoro et al. 2016).

In Ostafrika bleibt die Klimadynamik komplex und zunehmend unberechenbar. Während Klimamodelle darauf hinzudeuten scheinen, dass die Region feuchter werden wird, trocknet das Gebiet weiterhin aus, was ungünstige Folgen nach sich zieht. Trotz der Unsicherheiten hinsichtlich des Ausmaßes der Veränderung der Niederschlagsmuster in der Region (vgl. Rowell und Chadwick 2018) spiegelt die Klimadynamik in Ostafrika abwechselnd feuchte und trockene Bedingungen wider, was als deutlicher Widerspruch zu den häufigen Episoden verheerender Katastrophen gesehen werden kann.

Neben Dürren wird die Region auch von verheerenden Überschwemmungen geplagt. Sowohl Sturzfluten als auch Überschwemmungen durch das Übertreten von Flüssen haben in Ostafrika zum Verlust von Menschenleben und zur Massenvertreibung von Menschen geführt. Diese Situation trägt auch zur Zahl der Vertriebenen bei, die sich als Flüchtlinge in der Region aufhalten. Äthiopien, Kenia und Somalia sind seit 2015 von einer Dürre betroffen, die durch El Niño noch verschärft wurde. Ende 2016 und 2017 wurden mehr als eine Million Menschen auf der Suche nach Nahrung, Wasser und Lebensgrundlagen vertrieben. Ende 2017 begann zumindest in Teilen der Region sich die Lage zu verbessern, aber die Niederschläge waren bis zum Beginn der ersten Regenzeit Ende März 2018 weiterhin unregelmäßig und unterdurchschnittlich. Die Saison begann mehrere Wochen früher als üblich und veränderte die Situation dramatisch, indem sie der gesamten Region Rekordregenfälle und Überschwemmungen bescherte. Kenia war von den einsetzenden Regenfällen am stärksten betroffen. In allen 47 Bezirken kam es zu Überschwemmungen, und es wurden mehr als 326 000 neue Vertreibungen registriert. In den trockenen nördlichen Teilen des Landes waren die Menschen nach der Dürre, die 2017 mehr als 2,6 Millionen Menschen in eine Ernährungskrise stürzte, bereits stark gefährdet. Die Überschwemmungen zerstörten die meisten ihrer verbliebenen Vermögenswerte. Sowohl die Zerstörung von Ackerland als auch die hohe Zahl der getöteten Tiere bedrohten die Existenzgrundlage von Hirten und Bauern. In Äthiopien waren die Überschwemmungen und die anhaltende Dürre am schlimmsten und zerstörten fast 13 000 Hektar Ackerland, beschädigten die Infrastruktur und führten zur Schließung von Gesundheitsdiensten und Schulen. In Äthiopien sind Vertreibungen aufgrund starker Regenfälle und Überschwemmungen der Flüsse am häufigsten (vgl. Erena und Worku 2018; Schraven et al. 2020). Ende 2022 – nachdem erneut eine Regenzeit im Prinzip ausfiel – waren am Horn von Afrika nach Angaben der IOM mehr als 36 Millionen Menschen von der Dürre betroffen, von denen mehr als zwei Millionen gezwungen waren, ihre Heimatorte auf der Suche nach lebensrettender Hilfe zu verlassen (vgl. IOM 2023).

Laut der nationalen Anpassungsstrategie Äthiopiens wird der Klimawandel in Äthiopien Veränderungen der Niederschlagsmuster, der Niederschlagsvariabilität und der Temperatur mit sich bringen, was die Häufigkeit und das Auftreten von Überschwemmungen und Dürren erhöhen könnte. Aufgrund der hohen Entwaldungsrate, der Landdegradierung, der zunehmenden Klimaschwankungen und der Siedlungsmuster treten Überschwemmungen im ganzen Land häufiger und intensiver auf. Großflächige Überschwemmungen kommen zumeist in Tieflandgebieten vor, während Sturzfluten infolge intensiver Regenfälle Siedlungen im Hochland zerstören und zu Vertreibungen führen. So haben beispielsweise die Überschwemmungen des Omo-Flusses im Süden rund 1 000 Menschenleben gekostet und mehr als 10.000 Menschen vertrieben, als er 2006 über die Ufer trat. Ein weiterer Fall von Überschwemmung im selben Jahr ereignete sich aufgrund eines Übertretens des Dechatu-Flusses in Äthiopiens sechstgrößter Stadt Dire Dawa, was Häuser zerstörte, 3 000 Menschen vertrieb und 350 Menschenleben forderte (vgl. Schraven et al. 2020). In ihrer Studie über Sturzfluten in Äthiopien zeigen Billi et al. (2015), dass Überschwemmungskatastrophen und der Tribut, der in Form von Menschenleben und Sachschäden gezahlt wird, einen steigenden Trend aufweisen. Ihr Schwerpunkt liegt auf der Stadt Dire Dawa, die seit längerem zunehmend von Sturzfluten betroffen ist. Die Zunahme extremer Regenfälle, gepaart mit einer deutlichen Veränderung der Landnutzung, ist Hauptfaktor für die zunehmende Häufigkeit von Sturzfluten in der Stadt, wenngleich auch hier die zunehmende Niederschlagsintensität wahrscheinlich eine noch wichtigere Rolle spielt (vgl. Billi et al. 2015). Auch in der Hauptstadt Addis Abeba kommt es jährlich zu Überschwemmungen, die Eigentum zerstören und eine erhebliche Bedrohung für die Stadtbewohner darstellen. Die Region Gambela in Äthiopien beispielsweise ist durch die Überschwemmungen des Baro-Flusses und Sturzfluten bei starken Regenfällen gefährdet. Haile et al. (vgl. 2013) stellen fest, dass 37 % der Bevölkerung zwischen 2006 und 2011 von Überschwemmungen betroffen waren. Neben der Umsiedlung durch den Bau von Staudämmen sind es in Äthiopien vor allem also die Auswirkungen von Flutereignissen, die einen wesentlichen Faktor für die Land-Stadt-Migration – vor allem nach Addis Abeba – ausmachen (vgl. Hunnes 2012).

Auch in Uganda haben die Häufigkeit und Intensität von Dürren und Überschwemmungen in den letzten Jahrzehnten zugenommen. Es wird erwartet, dass der Anteil der Niederschläge in Form von Starkregenereignissen zunehmen wird, wodurch sich das Risiko von Katastrophen, wie Überschwemmungen und Erdrutschen, stark erhöht. Auch ist ein Anstieg der Durchschnittstemperatur in Uganda wahrscheinlich. Es wird erwartet, dass schwankende Niederschläge und steigende Temperaturen zu häufigeren Dürren und Wasserknappheit führen werden. Überschwemmungen stellen das größte Risiko dar, insbesondere in niedrig gelegenen Gebieten. Jedes Jahr sind in Uganda fast 50.000 Menschen von Überschwemmungen betroffen (vgl. Schraven et al. 2020).

Laut Parry et al. (2012) ist Kenia einem hohen Klimarisiko ausgesetzt. Es ist bereits eines der wasserärmsten Länder Afrikas und eines der katastrophenanfälligsten Länder der Welt. Kenia erlebt etwa alle 10 Jahre größere Dürren und alle drei bis vier Jahre mäßige Dürren oder Überschwemmungen. Die Autoren stellen fest, dass die Gesamtzahl der Opfer von Klimakatastrophen in den 1990er und 2000er Jahren erheblich gestiegen ist, was teilweise auf das Bevölkerungswachstum zurückzuführen ist (siehe auch Nguimalet 2018). Die Regenfeldbauwirtschaft ist die Hauptstütze der kenianischen Wirtschaft und macht 95 % aller landwirtschaftlichen Aktivitäten aus. Da diese Art der Landwirtschaft sehr empfindlich auf steigende Temperaturen reagiert, könnten Dürren und Überschwemmungen, die zu einer Verringerung der landwirtschaftlichen Tätigkeit führen, die Ernährungssicherheit des gesamten Landes noch stärker als bereits heute gefährden (vgl. Nyaro et al. 2016). In Kenia kommt es in den trockeneren Regionen, aber auch in den sehr fruchtbaren Gebieten des Landes bzw. an den Läufen der größeren Flüsse regelmäßig zu Vertreibungen aufgrund von Überschwemmungen. Der Tana-Fluss zum Beispiel ist regelmäßig von saisonalen Überschwemmungen betroffen (vgl. Schade 2016). Nyaoro et al. (2016) geben an, dass zwischen 1964 und 2015 2 976 123 Menschen von

Überschwemmungen betroffen waren, von denen 6 200 obdachlos wurden und 1 350 in den Fluten starben. Sturzfluten treten in Kenia eher in halbtrockenen Gebieten auf wie zum Beispiel im Bezirk Turkana. Die Reaktionen der Regierung oder offizielle Anpassungsmaßnahmen sind der Bau von Dämmen, die Bereitstellung von Hilfsgütern sowie die vorübergehende Umsiedlung an sicherere Orte. Die Menschen nutzen Anpassungsmaßnahmen wie das Graben von Kanälen zur Entwässerung, die Nutzung von Bohrlöchern für die Trinkwasserentnahme und die Migration (vgl. Nguimalet 2018).

Aufgrund der Auswirkungen des Klimawandels wird die ohnehin schon hohe Dürreneigung am Horn von Afrika noch weiter steigen. Die Internationale Organisation für Migration, kurz: IOM (2017) führt an, dass der anhaltende Rückgang der Niederschläge und die politische Instabilität aufgrund von Konflikten und bewaffneten Aufständen in der Region zu einer raschen Verschlechterung der Ernährungssicherheit und einem Anstieg der Zahl der Vertriebenen geführt haben. Abgesehen von den zahlreichen Flüchtlingen in der Region waren bereits 2017 rund 16 Millionen Menschen von Dürren bedroht, und die Auswirkungen auf die Vieh- und Getreideproduktion in gefährdeten Ländern wie Äthiopien, Somalia und Kenia waren enorm. Zu Beginn des Jahres 2017 sahen sich mindestens 700.000 Menschen in Somalia gezwungen, ihre Heimat zu verlassen. Im selben Zeitraum wurden insgesamt 316 128 Menschen in Äthiopien und 41.000 in Kenia vertrieben (vgl. IOM 2017). Die Situation bleibt am gesamten Horn von Afrika komplex: Dürre, Konflikte und politische Instabilität bilden einen vielfach ineinandergreifenden Faktorenkomplex, der Zwangsmigration, *mixed migration* und irreguläre Arbeitsmigration nach sich zieht.

Dürren stellen gerade auch in Äthiopien ein schwerwiegendes Risiko dar, insbesondere für Hirten und Viehzüchter, die in dürregefährdeten Gebieten leben. Seit den 1970er Jahren hat das Ausmaß, die Häufigkeit und die Intensität von Dürren in Äthiopien deutlich zugenommen. Die Auswirkungen von Dürren sind vielfältig und umfassen Weideknappheit, Überweidung, Bodendegradation, verringerte Wasserverfügbarkeit und Viehseuchen. Die Folgen sind eine geringere Produktivität des Viehbestands, Ernteausfälle in agro-pastoralen Gebieten, Ernährungsunsicherheit, die zu einer verstärkten Abwanderung von Menschen führt, sowie zunehmende Konflikte um knappe Ressourcen. Äthiopien sieht sich vor allem seit Beginn des Krieges in der nordäthiopischen Region Tigray 2020 vor der dreifachen Herausforderung: Dürre, Nahrungsmittel und Konflikte zwischen den Gemeinschaften (vgl. Schraven et al. 2020). In ihrer Studie über die Auswirkungen von Dürren auf die Bevölkerungsmobilität im äthiopischen Hochland kamen Gray und Mueller (2012) zu dem Schluss, dass die Migration von Männern bei schweren Dürren mehr als doppelt so stark zunahm. Dies war insbesondere bei Haushalten der Fall, die nur über wenig Land verfügten. Diese Ergebnisse deuten darauf hin, dass eine Vielzahl von Faktoren wie Armut, hohe Arbeitslosigkeit, Landknappheit, Umweltzerstörung, regionale Einkommensunterschiede und sogar eine gut etablierte Migrationskultur in den Herkunftsregionen zusammenwirken, um die Migrationsneigung zu erhöhen.

Dschibuti ist mit seinen langen Grenzen zu Somalia und Äthiopien mit großen grenzüberschreitenden Bewegungen von Hirten und ihrem Vieh gerade während Dürrezeiten konfrontiert (vgl. IOM 2017). Es wird erwartet, dass Dschibuti einen Anstieg der durch die Dürre verursachten Bevölkerungs- und Viehbewegungen erleben wird. Aufgrund seiner geografischen Lage ist Dschibuti mit komplexen, in verschiedene Richtungen verlaufenden Migrationsströmen über das Rote Meer und den Golf von Aden konfrontiert. Neben der Dürre von 2017 suchte im Mai 2018 der Wirbelsturm Sagar Dschibuti heim, der Überschwemmungen in mindestens 15 % der Stadt Dschibuti verursachte (vgl. Schraven et al. 2020).

Auch Uganda ist von Dürren betroffen, welche in den Jahren 2010 und 2011 geschätzte Verluste und Schäden in Höhe von 1,2 Mrd. USD verursachten, was 7,5 % des Bruttoinlandsprodukts von Uganda im Jahr 2010 entspricht. Angesichts der anhaltenden klimatischen Veränderungen und Schwankungen stellen Dürren in den meisten Teilen des Landes weiterhin eine ernste Bedrohung dar. Der so genannte *Cattle Corridor*, der sich vom Westen Ugandas durch die Zentralregion bis nach Teso und Karamoja im Nordosten erstreckt, ist eines der am stärksten betroffenen Gebiete (vgl. Egeru 2015). Ein Bericht der Ernährungs- und Landwirtschaftsorganisation der Vereinten Nationen (FAO 2018) stellt fest, dass Karamoja die ärmste Region

Ugandas ist, mit einer dreimal höheren Armutsrate als der nationale Durchschnitt. Darüber hinaus untergraben die häufigen Dürren, Überschwemmungen und Trockenperioden die Bewältigungsmöglichkeiten der meisten Menschen. Die Region wird von Pastoralisten und Agro-Pastoralisten bewohnt, für welche die interne, meist saisonale Migration ein wesentlicher Bestandteil ihres Lebensunterhalts ist. Zu den neuen Migrationsmustern gehört, dass mehr Minderjährige in die städtischen Zentren ziehen, um Geld zu verdienen (vgl. Haug 2014).

Nach Angaben der kenianischen Regierung sind die Dürrezyklen vor allem aufgrund des Klimawandels kürzer, häufiger und intensiver geworden. Immer mehr Menschen sind zudem betroffen und die Auswirkungen werden zukünftig noch gravierender sein (vgl. Nyaoro et al. 2016). Die Auswirkungen der Dürren sind weit verbreitete Ernteausfälle, akute Wasserknappheit und besonders starke Belastungen für Pastoralisten und deren Vieh. Dies führt zu einer zunehmenden Ernährungsunsicherheit, Krankheitsausbrüchen, schwerer Unterernährung, einem Verlust von Lebensgrundlagen und einer Zunahme ressourcenbasierter Konflikte (vgl. IOM 2017). Nyaoro et al. (2016) weisen darauf hin, dass eine dürrebedingte Folge häufig auch die bleibende Sesshaftigkeit von Viehnomaden ist, die mit dem Verlust von Viehbestand sowie unzureichendem Zugang zu Land und anderen Ressourcen verbunden ist. Diese (ehemaligen) Pastoralisten siedeln oft entlang von Flüssen, was ihre Verwundbarkeit für Überschwemmungen erhöht (vgl. Nguimalet 2018).

MENA: Ein Streiflicht auf eine Hotspot-Region

Auch die MENA-Staaten gehören zu den weltweit am stärksten von den Auswirkungen des Klimawandels bedrohten Regionen. Die klimatischen Risiken umfassen hier schwindende Wasserressourcen, Dürre, steigende Temperaturen, Küstenerosion und Wüstenbildung. Die MENA-Region hat seit der vorindustriellen Zeit einen Anstieg der Durchschnittstemperatur um 1,5 °CC zu verzeichnen (vgl. Waha et al. 2017). In Nordafrika wird ein Temperaturanstieg zwischen 2 und 3 °C bis 2050 vorhergesagt, was mit einem Rückgang von Regenfällen und einer eingeschränkten Grundwasserversorgung einhergeht und somit direkt zu akutem Wassermangel beitragen kann (vgl. Schilling et al. 2020). Bis zum Ende dieses Jahrhunderts wird gar ein weiterer Anstieg der Durchschnittstemperatur um 3 bis 4 °C prognostiziert. Dies hätte eine starke Bodendegradation in der Region zur Folge ebenso wie Wüstenbildung und eine Bedrohung der regionalen Biodiversität. Bereits heute weist die Region weltweit das geringste Pro-Kopf-Wasserangebot auf (vgl. Waha et al. 2017). Schließlich führt der steigende Meeresspiegel in der MENA-Region zunehmend auch zu Küstenerosion (vgl. Dasgupta et al. 2011).

Solche Entwicklungen werden sich insbesondere auf den ohnehin schon sehr vulnerablen Landwirtschaftssektor auswirken und damit in den urbanen Räumen zu steigenden Nahrungsmittelpreisen und erhöhter Importabhängigkeit führen. In ländlichen Gebieten treten vermehrt Ernteverluste und Nahrungsmittelknappheit auf (vgl. Waha et al. 2017). Zusätzlich ist fast die gesamte Region von erheblichen (politischen) Konflikten und Unruhen betroffen. Der Klimawandel sowie damit verbundene Folgeerscheinungen wirken zunehmend als ein Multiplikator verschiedener Risiken (Nahrungsmittel- und Wasserknappheit, Konflikte, Energiekrisen und Migration), die bisweilen eng miteinander verbunden sind (vgl. Scheffran 2020).

Der Lebensunterhalt der ländlichen Bevölkerung in der MENA-Region hängt in hohem Maße vom Agrarsektor ab. Knapp 40 % der Bevölkerung in der Region lebt in ländlichen Gebieten (vgl. Nin-Pratt et al. 2018). Da die meisten Aktivitäten im Agrarsektor in der Region vom Klima abhängig sind, führt der Temperaturanstieg zu sinkenden Ernteerträgen und häufigeren Ernteausfällen (vgl. Selvaraju 2013; Waha et al. 2017; OECD/FAO 2018). Hinzu kommt, dass der Anbau bestimmter Kulturen in der Region zunehmend schwieriger wird. Dies führt zu einem Anstieg von Armut und Ernährungsunsicherheit, Migration und Konflikten insbesondere unter der lokalen Agrarbevölkerung sowie zu einem Anstieg der Lebensmittelpreise in den Städten (vgl. Nin-Pratt et al. 2018; IOM 2019).

Steigende Temperaturen und schwankende Niederschlagsmengen in der MENA-Region wirken sich weiterhin negativ auf die Gesundheit und das Wohlbefinden der Bewohner aus. Die Auswirkungen des Klimawandels in der Region führen zu häufigeren und intensiveren Hitzewellen, die schwerwiegende gesundheitliche Folgen für die Menschen haben, darunter Hitzeschlag und Hitzeerschöpfung. Außerdem sind aufgrund der steigenden Temperaturen immer mehr Menschen Krankheiten, wie der Malaria oder dem Dengue-Fieber, ausgesetzt (vgl. WHO/EMRO 2018). Darüber hinaus führt die Trockenheit in der Region zu Unterernährung und wasserbedingten Krankheiten (vgl. FAO 2019). Die zunehmenden Auswirkungen des Klimawandels auf die Gesundheit der Menschen in der MENA-Region stellen somit eine zusätzliche Belastung für die begrenzten Gesundheitseinrichtungen in der Region dar und belasten das oftmals bereits überlastete Gesundheitspersonal.

Auf nationaler Ebene sind die Auswirkungen des Klimawandels in den Volkswirtschaften verschiedener Länder auch wegen des Beitrags der Landwirtschaft zum Bruttoinlandsprodukt dieser Nationen zu spüren. Die anhaltenden Auswirkungen des Klimawandels auf den Agrarsektor führen ebenfalls zu einem Rückgang des Haushaltseinkommens und des allgemeinen Wohlstands von Einzelpersonen und Haushalten (vgl. Nin-Pratt et al. 2018). Darüber hinaus wirkt sich der Klimawandel negativ auf den Tourismussektor der Länder in der MENA-Region aus. Dieser Sektor trägt wesentlich zum Wirtschaftswachstum vieler Länder in der Region bei, da Staaten wie Ägypten oder Tunesien im Laufe der Jahre zum bevorzugten Ziel vieler Touristen geworden sind (vgl. Göll 2017). Die zunehmende Hitze und die Temperaturschwankungen haben jedoch die Attraktivität der Region für Touristen verringert, die das Gebiet besuchen, um die Naturschönheiten sowie die reiche Geschichte und Kultur zu genießen (vgl. The Economist Group 2022). Der Klimawandel wirkt sich auch auf anderen Wegen auf die Wirtschaft der Länder in der MENA-Region aus, da die meisten dieser Länder stark von fossilen Brennstoffen abhängig sind, um ihre Volkswirtschaften anzutreiben. Außerdem erzielen diese Länder durch den Export von Öl und Gas hohe Einnahmen. Die Temperatur- und Niederschlagsschwankungen in der Region führen jedoch zu Wasserknappheit und wirken sich somit negativ auf die Energieerzeugung aus, da Wasser für die Gewinnung dieser Rohstoffe sehr wichtig ist (vgl. IEA 2023). Die zunehmende Häufigkeit und Intensität von Hitzewellen und Stürmen in der Region wirkt sich ebenfalls auf die strukturelle Integrität der Energieinfrastruktur aus, was zu Produktionsproblemen im Energiesektor führt. All dies hat negative Auswirkungen auf die Volkswirtschaften der Länder in der MENA-Region.

Im Gegensatz zu anderen Regionen der Welt ist die wissenschaftliche Evidenz zum Einfluss des Klimawandels auf Migration in der MENA-Region bisher relativ überschaubar, allerdings entwickelte sich in den letzten Jahren zunehmend eine dichtere empirische Evidenzlage für diese Region, die mit über 12 Millionen intern Vertriebenen (IDPs) – das entspricht 21 % aller weltweiten IDPs – bereits jetzt mit enormen mobilitätsbezogenen Herausforderungen zu kämpfen hat (vgl. IDMC 2022). In den meisten bisherigen Studien rund um die MENA-Region wird der Fokus eindeutig auf die Rolle von langsam einsetzenden Umweltereignissen gelegt, wie etwa dem Meeresspiegelanstieg, Bodendegradation oder Dürren. Es lässt sich feststellen, dass klimatische Ereignisse und deren Wahrnehmung in der Bevölkerung der MENA-Region tatsächlich Migrationsbewegungen beeinflussen, allerdings nicht als ein primärer Faktor und wenn dann vor allem mit Bezug auf temporäre Bewegungen. Bis dato ist klimabezogene Migration in dieser Region vor allem eine Strategie, welche als letzter Ausweg angesehen wird. Die zunehmenden klimatischen Herausforderungen werden allerdings mit hoher Wahrscheinlichkeit künftige Migrationsbewegungen stärker beeinflussen (vgl. Wodon et al. 2014).

Verschiedene Fallbeispiele aus einzelnen Ländern der MENA-Region verdeutlichen die potenzielle Wirkung, die der Klimawandel auf bestehende Migrationsbewegungen ausüben kann. Sie zeigen allerdings auch, wie vielfältig und divers Migration in dieser Region ist. In einer empirischen Studie in Marokko etwa wird dabei klar, welche Bedeutung Migration im Kontext von herausfordernden klimatischen Bedingungen haben kann. Qualitative Erhebungen in zwei marokkanischen Orten zeigen, dass Migration eine wesentliche und niederschwellige Haushaltsstrategie in einer Region darstellen kann, welche nicht nur von Niederschlagsschwankungen und steigenden Temperaturen, sondern teils auch von Dürren und extremen Wetterereignissen betroffen ist. Dabei sind jene Haushalte mit vorhandenen sozialen Netzwerken und besseren sozio-ökonomischen Voraussetzungen im Vorteil. Allerdings sind bestehende Migrationsmuster historisch gewachsen, wobei diese Migrationsprozesse von Klima- und Umweltwandel intensiviert werden (vgl. van Praag 2021). Länder wie Marokko sind darüber hinaus von erheblichen und vielfältigen intraregionalen Mobilitätsprozessen geprägt, bei denen der Klimawandel durchaus eine Rolle spielt (vgl. Sow et al. 2016).

Die komplexe Rolle von Klima- und Umweltwandel in der Region betont auch Afifi (vgl. 2010) in einer Studie zu Ägypten. Die Menschen in dem nordafrikanischen Land seien zwar grundsätzlich bereit, ihre Heimat aufgrund von negativen Umweltveränderungen zu verlassen, dies ist jedoch an eine Reihe von Voraussetzungen gekoppelt. Zum Beispiel ist es laut dieser Studie deutlich unwahrscheinlicher, dass Landbesitzer auf Migration zurückgreifen, und darüber hinaus sollte Migration auch ökonomisch erschwinglich und sozial verträglich sein. In den meisten Fällen reicht die Umwelt dabei aber nicht als Faktor aus. Und gerade in Ägypten gibt es bereits Beispiele von umweltbedingten Umsiedlungen, bei denen die umgesiedelten Menschen dabei mit schwierigen Bedingungen in den Umsiedlungsorten konfrontiert sind. Letztendlich haben sich ihre Lebensbedingungen somit verschlechtert (vgl. Warner 2010).

Auch in Tunesien gibt es eine zunehmende umweltbedingte Belastung ländlicher Haushalte, insbesondere mit Bezug auf die immer stärker eingeschränkte Wasserverfügbarkeit und wiederkehrende Dürren, die beträchtliche Ernteeinbußen nach sich ziehen. Migration und damit verbundene Rücküberweisungen finanzieller Art stellen eine wesentliche Anpassungsstrategie dar, welche landwirtschaftlichen Haushalten das Überleben ermöglicht und die in zunehmendem Maße auch zu sozioökonomischem Wandel beiträgt (vgl. Sobczak-Szelc and Fekih 2020). Obwohl Veränderungen in der Umwelt von der Bevölkerung im Jemen verstärkt wahrgenommen werden, finden Joseph et al. (2014) keine eindeutigen Hinweise dafür, dass der Klimawandel dort Migrationsbewegungen erhöht. Im Gegenteil: Die Autoren behaupten vielmehr, dass ein scharfer

Anstieg von Mobilität eher unwahrscheinlich ist, es sei denn, die Folgen des Klimawandels verstärken sich auf dramatische Art und Weise. Migration ist dennoch präsent und vor allem von sozioökonomischen Überlegungen geprägt, wobei Rücküberweisungen eine extrem wichtige Rolle zur Bekämpfung der Armut, für die Nahrungsmittelsicherheit und den Schulbesuch einnehmen. Die Studie unterstreicht explizit die wertvolle Wirkung von Rücküberweisungen, um in jemenitischen Regionen mit schlechten klimatischen Voraussetzungen zumindest die grundlegenden Lebensbedingungen zu garantieren.

Insgesamt zeigen diese Fallbeispiele, dass Umweltbedingungen bereits zu bestehenden Migrationsbewegungen beitragen, allerdings oftmals nicht als primärer Treiber. Darüber hinaus ist Migration – und sämtliche Vorteile, die daraus generiert werden können – ein wesentlicher Grund für die fortschreitend wirksame Anpassung von betroffenen Haushalten.

Die politische und rechtliche Auseinandersetzung mit *Klimamobilität*

Zwar setzt sich bis dato keine internationale (vgl. rechtsverbindliche) Konvention explizit mit dem Thema der klimabezogenen Mobilität auseinander; dennoch bieten existierende Konventionen, Übereinkommen und internationale Prozesse zumindest potenzielle Spielräume, die Rechte von Personen, die klimatischen Risiken ausgesetzt sind bzw. in diesem Kontext migrieren (müssen), abzudecken und staatliche Verantwortlichkeiten, Verpflichtungen und Handlungsoptionen daraus abzuleiten.

Ein Problem ist, dass Migration – stärker noch als andere Bereiche internationaler Politik – gemeinhin als Politikfeld angesehen wird, dessen Gestaltung vor allem den Nationalstaaten obliegt. Und diese Nationalstaaten sind in den allermeisten Fällen sehr zurückhaltend, wenn es um (rechts-)verbindliche Abkommen für Migrationsfragen geht. Es gibt in diesem Sinne auch keine Weltmigrationsorganisation, so wie es für Fragen der internationalen Klimapolitik etwa die UNFCCC gibt. Die IOM ist jedenfalls keine Dachorganisation für Migration der Vereinten Nationen. Zwar ist die IOM seit 2016 eine assoziierte Organisation der UN, die Rolle als weltweite Steuerungs- oder Managementstelle für Migrationsangelegenheiten kommt ihr jedoch nicht zu. Die IOM ist auch keine Menschenrechts- oder humanitäre Organisation. Sie ist vielmehr eine Art internationale Serviceagentur für Staaten im Bereich der Migrationssteuerung, -kontrolle und -beratung.

Nichtsdestotrotz haben sich in den letzten Jahren einige Initiativen und Programme etabliert, die auf unterschiedlichen Ebenen Aspekte klimabezogener Mobilität angehen. Im Folgenden sollen daher entsprechende Anstrengungen und Fortschritte in diesen Bereichen skizziert werden: das internationale Menschenrechtsregime, das internationale Flüchtlingsregime, das globale Klimaregime, die Agenda 20302030 der Vereinten Nationen, der globale Migrationspakt, die *Platform on Disaster Displacement* (PDD) sowie einige weitere Initiativen, Prozesse und andere relevante Entwicklungen.[1]

Menschenrechte und Menschenrechtsgremien der Vereinten Nationen

Die Menschenrechte erhielten ihre moderne Konzeption auf internationaler Ebene mit dem Ende des Zweiten Weltkrieges. Die Einrichtung eines neuen globalen Menschenrechtsregimes sollte einer Wiederholung der vom nationalsozialistischen Deutschland ausgegangenen Verbrechen während des Zweiten Weltkriegs verhindern. Das Gründungsdokument – die Charta der Vereinten Nationen – wurde 1945 veröffentlicht und kodifiziert die wichtigsten Prinzipien internationaler Beziehungen, von der souveränen Gleichheit der Staaten bis hin zum Verbot der Anwendung von Gewalt in internationalen Relationen. Neben der Achtung des Selbstbestimmungsrechts der Völker und des Prinzips der Gleichberechtigung fordert die Charta die Staaten nachdrücklich zur Wahrung und Verwirklichung der Menschenrechte und der Grundfreiheiten aller Menschen – ohne Unterschied der Rasse, des Geschlechts, der Sprache oder der Religion – auf (vgl. Schraven und Serraglio 2023).

Die 1948 von der Generalversammlung der Vereinten Nationen verabschiedete *Allgemeine Erklärung der Menschenrechte* (AEMR) besteht aus 30 Artikeln, in denen die Grundrechte und Grundfreiheiten des Einzelnen beschrieben werden und in denen bekräftigt wird, dass deren universeller Charakter inhärent, unveräußerlich und auf jede Person anwendbar ist. Die AEMR verpflichtet die Mitgliedstaaten der Vereinten Nationen, alle Menschen als frei und gleich in

---

1 Teile dieses Kapitels basieren auf Schraven und Serraglio (2023).

ihrer Würde und in ihren Rechten anzuerkennen, unabhängig von Geschlecht, Nationalität, ethnischer Herkunft, Hautfarbe, Religion, Sprache oder einem anderen Statusmerkmal. Für den Kontext dieser Studie ist besonders Artikel 13 der AEMR wichtig, der bekräftigt, dass jede Person das Recht hat, sich innerhalb der Grenzen eines Staates frei zu bewegen und aufzuhalten und jedes Land, einschließlich ihres eigenen, zu verlassen beziehungsweise wieder in ihr Land zurückzukehren. Artikel 14 weist zudem darauf hin, dass jede Person das Recht hat, in anderen Ländern Asyl vor Verfolgung zu erhalten (vgl. UNGA 1948).

Trotz des rechtlich nicht-bindenden Charakters der AEMR erlangte sie bald den Status internationalen Gewohnheitsrechts. Zudem haben mehrere nationale Verfassungen ihre Bestimmungen in innerstaatliches Recht übernommen und sie in die gängige Praxis und die allgemeinen Grundsätze des Völkerrechts übertragen (vgl. Farena 2012). Die historische Relevanz der AEMR liegt vor allem darin begründet, dass sie den Eingang der Rechte und Freiheiten aller Menschen in die jeweiligen nationalen Verfassungen förderte und die Etablierung von Mindestschutzstandards ermöglichte. Seitdem ist es auch möglich, staatliche Verantwortung wegen etwaiger Menschenrechtsverletzungen rechtlich einzufordern (vgl. Schraven und Serraglio 2023).

Auch wenn es an spezifischen (rechtlichen) Mechanismen zur Unterstützung von Menschen mangelt, die im Kontext von Klima- oder Umweltwandel migrieren, so gelten auch für sie zumindest die Grundsätze und Bestimmungen des internationalen Menschenrechtsregimes. Denn auch sie haben Rechte inne und können im Fall, dass Staaten nur unzureichende Mittel zur Sicherung ihrer Existenzgrundlage zur Verfügung stellen können, als Betroffene angesehen werden (vgl. Mayer 2016). In diesem Sinne verpflichtet das Völkerrecht die Staaten zur Zusammenarbeit, um Menschenrechtsverletzungen zu verhindern. Im Umkehrschluss würde dies auch die Verpflichtung miteinschließen, wirksame Maßnahmen im Kampf gegen den Klimawandel zu ergreifen. Darüber hinaus müssen Staaten bei der Eindämmung des Klimawandels oder im Rahmen der Anpassung an seine Auswirkungen ebenfalls den Schutz und die Achtung der Menschenrechte beachten.

Für die Anwendbarkeit der Menschenrechte auf Mobilität im Kontext des Klimawandels ist der Grad der Verwundbarkeit von betroffenen Personen entscheidend, da das internationale Menschenrechtsregime vor allem Wert auf einen wirksamen Schutz für gefährdete Bevölkerungsgruppen und Minderheiten legt. Durch Mindestschutzbedingungen für ein Leben in Würde durch das Menschenrechtsregime lässt sich auch die Verpflichtung zur Schaffung von rechtlichen Rahmenbedingungen ableiten – unabhängig von den konkreten Ursachen, die das Recht auf ein Leben in Würde letztlich bedrohen. Dies umfasst sowohl rechtsverbindliche Verpflichtungen für Staaten als auch Rechte und rechtlich durchsetzbare Ansprüche von Einzelpersonen. Menschenrechtsverpflichtungen bieten daher eine Chance, unter bestimmten Umständen Menschen, die im Kontext des Klimawandels migrieren, zu schützen (vgl. Vliet 2018).

Maßnahmen zur Minderung der Folgen des Klimawandels – genau wie Anpassungsmaßnahmen – haben unmittelbaren Einfluss auf die Verwirklichung bestehender Menschenrechte wie zum Beispiel dem Recht auf Leben, Nahrung, Wasser, Wohnen, Gesundheit, oder Privatsphäre. Daher haben verschiedene UN-Gremien, die sich der Weiterentwicklung des internationalen Menschenrechtsregimes verpflichtet haben, eine Reihe von Resolutionen verabschiedet, die sich mit dem Klima-Mobilitäts-Nexus befassen. Darin enthalten sind unter anderem die spezifischen menschenrechtlichen Implikationen, die jeweiligen Verpflichtungen der Staaten sowie die Notwendigkeit einer effektiveren internationalen Zusammenarbeit in diesem Bereich (vgl. Bodansky et al. 2017). Diese Gremien bzw. die relevanten Resolutionen werden im Folgenden betrachtet.

Das Büro des Hohen Kommissars der Vereinten Nationen für Menschenrechte (*Office of the High Commissioner for Human Rights*, OHCHR) beschäftigt sich seit weit über zehn Jahren mit dem Klima-Mobilitäts-Nexus: So bekräftigte das OHCHR während der 13. internationalen Klimakonferenz in Bali (COP 13) im Jahr 2007, dass die Folgen des Klimawandels eine schwerwiegende Bedrohung der Menschenrechte – vor allem auch der zukünftigen Generationen – darstellten und die Staaten die rechtliche als auch die moralische Verpflichtung hätten, nicht nur die Folgen des Klimawandels abzumildern, sondern auch die Menschenrechte zu achten (vgl. OHCHR 2007). Dies wurde ebenfalls im Jahr 2009 durch den vom OHCHR vorgestellten Bericht zum Zusammenhang zwischen Klimawandel und Menschenrechten unterstrichen. Ein Kapitel dieses Berichts beschäftigte sich mit menschlicher Mobilität im Kontext des Klimawandels. Hier bekräftigte das OHCHR, dass diese Mobilität größtenteils innerhalb der Grenzen der betroffenen Länder passiere und es vor allem langfristig orientierte Politiken geben müsse, um diese Menschen zu unterstützen. Die Schaffung neuer rechtlicher Instrumente wird in diesem Zusammenhang vom OHCHR kritisch gesehen (vgl. Human Rights Council 2009). Im Jahr 2018 schließlich schlug das OHCHR vor, Strategien zur Verhinderung von Menschenrechtsverletzungen im Kontext klimabezogener Mobilität in nationalen Minderungs- und Anpassungspläne zu integrieren (vgl. Human Rights Council 2018). Zudem beschäftigte sich im gleichen Jahr ein Bericht des OHCHR mit der Frage, wie sich schleichende bzw. langsam einsetzende Umwelt- oder Klimagefahren auf den Schutz der Menschenrechte von internationalen Migrantinnen und Migranten auswirken. Betont wurde in diesem Zusammenhang, dass ein (menschen-)rechtebasierter Ansatz zur Adressierung der Herausforderung klimabezogener Mobilität dringend notwendig sei und nicht zeitlich oder örtlich begrenzt sein dürfe. Im Dokument *Key messages on Human Rights, Climate Change and Migration* führt das OHCHR schließlich die aus seiner Sicht notwendigen Verpflichtungen auf, denen insbesondere staatliche Akteure im Umgang mit klimabezogener Mobilität unterliegen. Hierzu zählen auch die Gewährung eines dauerhaften rechtlichen Status für alle jene, die im Kontext klimatischen Wandels zwangsweise ihre Heimat verlassen mussten, sowie die Achtung der Menschenrechte bei Umsiedlungsmaßnahmen (vgl. OHCHR o.J.).

Auch der UN-Menschenrechtsrat (*United Nations Human Rights Council*), welcher ein zwischenstaatliches Gremium innerhalb der Vereinten Nationen bestehend aus 47 Staaten darstellt und sich für weltweiten Schutz und Förderung der Menschenrechte einsetzt, hat sich intensiv mit menschlicher Mobilität im Kontext des Klimawandels auseinandergesetzt. Seit 2010 verabschiedete der Rat acht (rechtlich nicht-bindende) Resolutionen, welche die Menschenrechtssituation in diesem Kontext betrafen (siehe Anhang 1). Diese Resolutionen bekräftigen, dass der Klimawandel zu einem häufigeren und intensiveren Auftreten von plötzlich als auch langsam einsetzenden Gefahren und Katastrophen beigetragen habe und er – auch durch mehr (erzwungene) Migration in diesem Kontext – zu einer großen Bedrohung von Menschenrechten geworden sei. Zudem betonen die Resolutionen das besondere Schutzbedürfnis von (hoch-)vulnerablen Gruppen. Das Potential von Menschenrechtsverpflichtungen, die Formulierung von kohärenten und nachhaltigen Gesetzen und Politiken hinsichtlich klimabezogener Mobilität zu verbessern, wird ebenfalls betont.

Auch bei den sogenannten Spezialverfahren der UN-Menschenrechtskommission (*Special Procedures*), bei denen sich Mandatsträger und -trägerinnen – entweder einzelne Expertinnen und Experten oder Arbeitsgruppen – mit der Menschenrechtssituation in einem bestimmten Staat oder mit einem bestimmten Menschenrechtsthema befassen, spielt das Thema der menschlichen Mobilität im Kontext des Klimawandels mittlerweile eine große Rolle. Konkret wurde das Thema bei den insgesamt 58 Mandaten (13 Länder- und 45 thematische Mandate) im Zusammenhang mit folgenden Themen/Arbeitsbereichen aufgegriffen: extreme Armut, kulturelle Rechte, dem Recht auf angemessenen Wohnraum, dem Recht auf eine sichere, gesunde und nachhaltige Umwelt, dem Recht auf Entwicklung, den Rechten von Menschen mit Behinderungen, dem Recht auf Bildung, dem Recht auf Nahrung, den Rechten indigener Völker, den Rechten älterer Menschen, dem Recht auf sauberes Trinkwasser und sanitäre Einrichtungen sowie Menschenhandel.

Der Sonderberichterstatter für das Menschenrecht auf angemessenes Wohnen empfahl etwa im Jahr 2020 in seinen *Guidelines for the Implementation of the Right to Adequate Housing* die Einbeziehung des Rechts auf angemessenen Wohnraum in Strategien zur Anpassung und Minderung des Klimawandels sowie in die Planung und Umsetzung von Strategien zur Bekämpfung klimabedingter Vertreibung. Außerdem empfiehlt er Staaten, die zu erwartende Mobilität im Kontext des Klimawandels zu analysieren, den wahrscheinlichen Zeitrahmen zu bestimmen und besonders gefährdete Gemeinschaften und mögliche Umsiedlungsorte zu identifizieren. Auch der Sonderberichterstatter für Menschenrechte und Umwelt betonte in einem im Jahr 2018 veröffentlichten Bericht, dass Katastrophen ein Treiber von landesinternen und grenzüberschreitenden Migrationsprozessen seien und dies zu (weiteren) Menschenrechtsverletzungen führen könne. Letztlich bezog sich auch die Sonderberichterstatterin für die Menschenrechte von Binnenvertriebenen seit 2009 mehrfach auf das Thema der klimabezogenen Mobilität. So wurde wiederholt die besondere Rolle des Faktors Klimawandel für landesinterne Vertreibung betont; ebenso wie – basierend auf den Leitprinzipien zur Binnenvertreibung[2] – die Notwendigkeit eines universell rechtebasierten Ansatzes zum Umgang mit Vertreibung bzw. Binnenvertriebenen, den es in Strategien zur Reduzierung von Katastrophenrisiken zu integrieren gelte.

Auch die UN-Vertragsorgane (*UN (human rights) treaty bodies*), die aus verschiedenen Fachausschüssen zur Überwachung der Einhaltung internationaler Menschenrechtsabkommen sowie aus von den Vertragsstaaten bestimmten Sachverständigen bestehen, haben

---

2 Die Leitprinzipien zur Binnenvertreibung (*Guiding Principles on Internal Displacement*), die vom ersten Sonderberichterstatter für die Menschenrechte von Binnenvertriebenen Francis Deng entwickelt und 1998 als Soft-Law-Instrument dem Amt der Vereinten Nationen für die Koordinierung humanitärer Angelegenheiten (OCHA) vorgestellt wurden, legen in 30 Grundsätzen die Rechte von Binnenvertriebenen (IDPs) und die Verantwortung der nationalen Regierungen fest, diese zu schützen und zu unterstützen. Sie beschreiben die Schutzgarantien für Binnenvertriebene, bis eine dauerhafte Lösung durch Rückkehr oder Umsiedlung an einen anderen Ort im Land für sie gefunden worden ist. Betont wird, dass die Hauptverantwortung für Schutz und Unterstützung der Binnenvertriebenen in den Händen der nationalen Regierungen und Behörden liegt, unabhängig von der Ursache der Vertreibung – was somit auch Umweltfaktoren miteinschließt. Die Leitprinzipien legen ebenfalls fest, dass Binnenvertriebene die gleichen Rechte und Freiheiten nach internationalem und nationalem Recht genießen sollen wie andere Staatsangehörige. Nationale Behörden stehen in der Verantwortung, ihre grundlegenden Menschenrechte auf Nahrung, Wasser, Unterkunft und Sicherheit zu gewährleisten (vgl. OCHA 2004).

sich verschiedentlich mit dem Thema der menschlichen Mobilität im Kontext von Klima- und Umweltwandel auseinandergesetzt. Besonders herausragend und aufmerksamkeitserregend war der Fall, der den UN-Menschenrechtsausschuss im September 2020 beschäftigte: der Fall von Ioane Teitiota. Der aus Kiribati stammende Beschwerdeführer machte eine Verletzung des Rechts auf Leben durch die Rückführung seiner Familie und von ihm in sein Herkunftsland (Kiribati) geltend, nachdem ihr Asylantrag in Neuseeland abgelehnt wurde. Teitiota argumentierte, dass die Auswirkungen des Klimawandels in Verbindung mit sozialer und politischer Instabilität eine besonders bedrohliche Lage erzeugt hätten und seine Familie dazu gezwungen hätte, ihre Heimat zu verlassen. Das neuseeländische Gericht fand keine Beweise dafür, dass Teitiota und seine Familie direkt von den Auswirkungen des Klimawandels betroffen seien bzw. dass sie bei einer Rückkehr nach Kiribati lebensbedrohlichen Bedingungen ausgesetzt sein würden. Obwohl der Menschenrechtsausschuss die Gerichtsentscheidung in diesem konkreten Fall anerkannte, so bekräftigte er auch, dass die Auswirkungen des Klimawandels prinzipiell zu Menschenrechtsverletzungen führen könnten, was eine Verpflichtung zur Nichtzurückweisung nach sich ziehe. Einem Aufnahmestaat ist es zwar nicht ausdrücklich untersagt, eine Person aufgrund der Auswirkungen des Klimawandels im Herkunftsland dorthin zurückzuführen. Menschen dürfen jedoch nicht in lebensbedrohliche Zustände zurückgebracht werden. Das Urteil erkennt an, dass Umweltzerstörung und die Folgen des Klimawandels die Menschenrechte bedrohen. In dieser Hinsicht ist das Urteil von Bedeutung, da es als erster Schritt zur Schaffung einer völkerrechtlichen Schutzpflicht angesehen werden kann, welche die negativen Auswirkungen des Klimawandels und andere Bedrohungen der menschlichen Sicherheit mitberücksichtigt. Das Urteil des UN-Ausschusses legt ebenfalls nahe, dass die Aufnahmestaaten ohne angemessene Maßnahmen zur Eindämmung des Klimawandels und zur Anpassung an den Klimawandel auf nationaler und internationaler Ebene andere internationale Normen (zum Beispiel das Recht auf Leben) verletzen könnten (vgl. Human Rights Committee 2020).

Im Jahr 2018 betonte der UN-Ausschuss für die Beseitigung der Diskriminierung der Frau zudem, dass klimabedingte Katastrophen wesentliche Triebkräfte der Migration und Vertreibung von Frauen und Mädchen seien. Der Ausschuss rief in diesem Zusammenhang dazu auf, Frauenrechte stärker in die Migrationspolitik einzubeziehen und eine wirksame Beteiligung von Migrantinnen und vertriebenen Frauen an der Formulierung, Umsetzung und Evaluation aller Instrumente zu ermöglichen, die einen Schutz ihrer Menschenrechte in allen Phasen des Migrations- und/oder Vertreibungszyklus garantieren könnten (vgl. CEDAW 2018).

Auch der UN-Ausschuss für die Rechte des Kindes setzte sich im Fall *Chiara Sacci vs. Argentinien*« mit dem Klima-Migrations-Nexus auseinander. Der Fall, der 2019 von 16 Kindern aus zwölf verschiedenen Ländern eingereicht wurde, bezieht sich konkret auf die Folgen des Klimawandels, mit denen sich Kinder indigener Bevölkerungsgruppen konfrontiert sehen (Verschlechterung der Lebensgrundlagen, Verlust von Territorien – der auch Vertreibung nach sich ziehen kann – und Menschenrechtsverletzungen). Die Petentinnen und Petenten machten geltend, dass die Staaten keine ausreichenden Maßnahmen gegen den Klimawandel ergriffen hätten, um die Rechte auf Kultur, Gesundheit und Leben gemäß der UN-Kinderrechtskonvention von 1989 zu achten, zu schützen und zu erfüllen. Der Ausschuss entschied im Oktober 2021, dass die Petentinnen und Petenten nicht alle innerstaatlichen Rechtsmittel ausgeschöpft hätten, um die mutmaßlichen Verstöße zu beheben. Dennoch kann die Entscheidung des Ausschusses als wichtiges Signal hinsichtlich der Anerkennung der extraterritorialen Verantwortung von Staaten in klimabezogenen Themen angesehen werden, da sie auf einer formellen, nicht aber auf einer inhaltlichen Begründung beruht (vgl. CRC 2021).

Internationales Flüchtlingsrecht und UNHCR

Die Folgen des Zweiten Weltkrieges und der nationalsozialistischen Gewaltherrschaft verdeutlichten die Notwendigkeit einer geeigneten Organisation, welche sich mit den Problemen jener Menschen befassen konnte, die bei und unmittelbar nach Kriegsende obdachlos, ohne Land oder sogar ohne Staatsangehörigkeit waren. Bis dahin eingerichtete internationale Abkommen zum Schutze dieser Menschen wiesen lediglich einen unverbindlichen Charakter auf und besaßen nur befristete Mandate, die oft erloschen, bevor sie tatsächlich wirksam werden konnten. Aufgrund dieser Versäumnisse erschien es zwingend notwendig, eine Institution zu schaffen, die Geflüchteten angemessene Betreuung und Schutz gewährleisten bzw. Aufnahmeländer bei dieser Aufgabe unterstützen konnte (vgl. Schraven und Serraglio 2023). 1950 wurde schließlich das Statut des Hohen Flüchtlingskommissars der Vereinten Nationen (UNHCR) verabschiedet. Ein Jahr später unterzeichnete die internationale Gemeinschaft in Genf das *Abkommen über die Rechtsstellung der Flüchtlinge* (auch Genfer Flüchtlingskonvention, kurz: GFK). Als Flüchtling wurde darin eine Person definiert, die sich außerhalb des Landes befindet, dessen Staatsangehörigkeit sie besitzt oder in dem sie ihren ständigen Wohnsitz hat, und in das sie wegen ihrer Rasse, Religion, Nationalität, Zugehörigkeit zu einer bestimmten sozialen Gruppe oder ihrer politischen Überzeugung und einer dadurch begründeten Furcht vor Verfolgung nicht zurückkehren kann (vgl. UNHCR 1951). Das Protokoll von 1967 über die Rechtsstellung der Flüchtlinge – im Prinzip eine Revision der Konvention von 1951 – hob sowohl geografische als auch zeitliche Beschränkungen der GFK auf: Das Flüchtlingskonzept galt nun für jeden gegenwärtigen und zukünftigen Flüchtling weltweit.

Seit ihrer Verabschiedung war die Konvention die Grundlage dafür, Millionen von Verfolgten Schutz zu ermöglichen. Dennoch zeigte sich schon bald in der zweiten Hälfte des 20. Jahrhunderts, dass aufgrund ganz neuer Herausforderungen im Bereich Flucht und Vertreibung, zu denen nicht zuletzt auch Klima- und Umweltveränderungen gehören, die Konvention nicht alle Geflüchteten mit einem Schutztitel versehen konnte (vgl. Mayer 2016). Denn die Liste der klassischen Gründe für Verfolgung und begründeter Angst vor dieser Verfolgung in der Konvention von 1951 ist erschöpfend (das heißt: sie stellt einen Numerus clausus dar), was Interpretationen, die über die fünf traditionellen Motive hinausgehen, unmöglich macht (vgl. McAdam 2012). Darüber hinaus hängt der

Flüchtlingsstatus vom Vorhandensein von Verfolgung als solcher ab, beispielsweise von einer konkreten Bedrohung oder Diskriminierung, die Einzelpersonen direkt betrifft. Angesichts dieser Voraussetzung sind für die Gültigkeit des Status *Flüchtlinge* evidenzbasierte Nachweise und die Identifizierung eines entsprechenden *Verfolgers* erforderlich (vgl. Cournil 2017). Der notwendige Sachverhalt der Verfolgung schließt daher von Umweltphänomenen betroffene Personen von der Flüchtlingsdefinition aus. Zudem berücksichtigt Extraterritorialität als Bedingung für die Gewährung des Schutztitels als Flüchtling nur Personen, die bereits nationale Grenzen überschritten haben. Allerdings migrieren die meisten Personen im Kontext von Klima- und Umweltwandel vor allem innerhalb des eigenen Herkunftslandes und werden somit im Zuge der Extraterritorialität nicht berücksichtigt (siehe oben; vgl. McAdam 2012).

Nach Annahme der GFK und des Protokolls von 1967 wurden zwei regionale rechtlich unverbindliche bzw. Soft-Law-Instrumente verabschiedet, welche das traditionelle Flüchtlingskonzept erweiterten. Dies sind das *Übereinkommen über die spezifischen Aspekte von Flüchtlingsproblemen in Afrika* von 1969, das von der Organisation für Afrikanische Einheit (OAU) übernommen wurde, und die *Erklärung von Cartagena* von 1984 im Rahmen der Organisation Amerikanischer Staaten (OAS). Diese Übereinkommen sind zwar nicht explizit für erzwungene grenzüberschreitende Mobilität im Zusammenhang mit Umweltfragen konzipiert worden, dennoch erweitern sie das klassische Konzept von Flucht und Vertreibung. Denn es werden auch u.a. »Ereignisse, die die öffentliche Ordnung ernsthaft stören als Fluchtgründe genannt.«[3] Dadurch stellten die

3 In der Konvention von 1969 heißt es, dass der Flüchtlingsbegriff auch für jede Person gilt, die aufgrund einer externen Aggression, Besatzung, Fremdherrschaft oder von Ereignissen, welche die öffentliche Ordnung in einem Teil oder in der Gesamtheit ihres Herkunftslandes oder ihres Landes der Staatsangehörigkeit ernsthaft stören, sie zum Weggang von ihrem gewöhnlichen Aufenthaltsort zwingen […] um an einem anderen Ort außerhalb ihres Herkunftslandes oder ihrer Staatsangehörigkeit Zuflucht zu suchen (vgl. Organisation of African Unity 1969). In ähnlicher Weise zählt die *Er-*

beiden Übereinkommen sowohl eine Abweichung von der GFK als auch vom Protokoll von 1967 dar. Die dort ausformulierte Definition des Flüchtlingsstatus – auf Basis politischer oder anderweitig motivierter Verfolgung – war bereits in den 1960er Jahren nicht mehr angemessen, um die globale Situation in Sachen Flucht und erzwungener Migration widerzuspiegeln (vgl. Rayfuse und Scott 2012).

Den 30. Jahrestag der *Deklaration von Cartagena* nahmen die lateinamerikanischen Länder zum Anlass, den einen *Aktionsplan von Brasilien* zu verabschieden – auch bekannt als *Cartagena +30*. In diesem werden die Herausforderungen umweltbedingter, grenzüberschreitender Vertreibung in der Region nun auch explizit genannt. Zudem drückt das Dokument ebenfalls die Notwendigkeit aus, diesem Thema – auch unter Beteiligung des UNHCR – mehr Aufmerksamkeit zu schenken und vermehrte Studien durchzuführen (vgl. UNHCR 2014).

Auch wenn das Mandat des UNHCR (erzwungene) Bevölkerungsbewegungen im Zusammenhang mit Klima- und anderen Umweltveränderungen bis dato nicht offiziell abdeckt, so nimmt das UN-Flüchtlingshilfswerk dennoch seine Pflicht wahr, Staaten auf die Probleme klimabezogener Mobilität aufmerksam zu machen und dabei zu helfen, Antworten auf entsprechende Herausforderungen zu finden (vgl. McAdam 2012). Im Jahr 2008 setzte sich das UNHCR erstmals offiziell mit dem Thema auseinander, als es den Bericht *Climate Change, Natural Disasters and Human Displacement: A UNHCR Perspective* veröffentlichte. In diesem wird dargelegt, dass der Klimawandel zwar durchaus Gegenstand intensiver Debatten innerhalb der wissenschaftlichen Gemeinschaft sei, den daraus entstehenden humanitären Konsequenzen bislang jedoch viel zu wenig Beachtung geschenkt worden sei (vgl. UNHCR 2008). Seit den

---

klärung von Cartagena zu den Flüchtlingen auch Personen, die aus ihrem Land geflohen sind, weil ihr Leben, ihre Sicherheit oder Freiheit durch allgemeine Gewalt, ausländische Aggression, interne Konflikte, massive Menschenrechtsverletzungen oder andere Umstände, die die öffentliche Ordnung ernsthaft stören, bedroht sind (vgl. Organisation of American States 1984).

späten 2000er Jahren – vor allem zusammen mit der IOM – gilt dies auch vermehrt im Kontext von Umwelt- oder Klimakatastrophen (vgl. Lakeman 2021).

Während der letzten zehn Jahre gab es stetige Anstrengungen vonseiten des UNHCR, um sowohl auf die Rolle des Klimawandels als Treiber für (erzwungene) Migrationsbewegungen hinzuweisen und das Verständnis für den Zusammenhang zwischen Umweltveränderungen und menschlicher Mobilität zu erhöhen als auch die Schutzbedürftigkeit der Betroffenen zu betonen. Die Aktivitäten des UNHCR haben sich dabei oft als Katalysator für Maßnahmen von Ländern und anderen internationalen Organisationen erwiesen. Das Engagement des UN-Flüchtlingshilfswerks fußt dabei auf drei wesentlichen Direktiven: i) der Adressierung von Rechtslücken im Zusammenhang mit grenzüberschreitender Vertreibung aufgrund von Katastrophen; ii) der Auseinandersetzung mit Strategien zum Schutz von Binnenvertriebenen im Kontext von Katastrophen; und iii) der Berücksichtigung von Auswirkungen des Klimawandels auf bereits vertriebene Personen. Aktivitäten des UNHCR rund um Vorkommnisse von Vertreibung im Kontext von Katastrophen oder des Klimawandels haben dabei im Laufe der Jahre deutlich zugenommen. Es wird daher in diesem Zusammenhang zunehmend anerkannt, dass der Klimawandel und damit im Zusammenhang stehende Katastrophen für menschliche Vertreibung eine entscheidende Rolle spielen (vgl. UNHCR 2017a). Zusätzlich zu der oben erwähnten Studie aus dem Jahr 2008 hat das UNHCR dazu bereits verschiedene Untersuchungen durchgeführt, welche das Ziel haben, Wissenslücken zu schließen und politische Akteure besser zu informieren. Folgende Studien sind hier zu erwähnen:

Climate Change Induced Displacement: Adaptation Policy in the Context of the UNFCCC Climate Negotiations (2011) – Diese Studie schlug einen ganzheitlichen Ansatz zum Umgang mit dem Klimawandel-Mobilitäts-Nexus vor, welcher sowohl die Ursachen von Bevölkerungsbewegungen in den Herkunftsgebieten als auch die Pull-Faktoren in möglichen Zuwanderungsländern und -regionen umfassen solle. Die Studie empfahl verschiedene strategische Ansatzpunkte (zum Beispiel Anpassungsstrategien vor Ort), um letztlich einen Verbleib für die Betroffenen zu ermöglichen (vgl. UNHCR 2011a).

Climate Change and the Risk of Statelessness: The Situation of Lowlying Island States (vgl. 2011) – Diese Studie untersuchte die Situation von tief liegenden Inselstaaten in Anbetracht des Klimawandels und seiner Folgen, wobei insbesondere das steigende Risiko von erzwungener und dauerhafter Vertreibung ganzer Bevölkerungsgruppen im Fokus stand. Die Studie empfahl, rechtzeitige, adäquate und multilateral ausgehandelte Vorkehrungen für die von Überflutung betroffenen Inselstaaten umzusetzen – nicht zuletzt, um das Recht auf Nationalität zu schützen. Vorübergehende Schutz- und Migrationsoptionen seien zu begrüßen, da dadurch auch die Widerstandsfähigkeit der betroffenen Bevölkerung erhöht und eine unvermeidliche Vertreibung zu einer positiven Anpassungsreaktion werden könne (vgl. UNHCR 2011b).

Climate Change Displacement and International Law: Complementary Protection Standards (2011) – Diese Studie kam zu dem Schluss, dass internationale Schutzrahmen aus den Bereichen Flüchtlings- und Menschenrecht durch Ergänzungen so ausgeweitet werden könnten, um den Bedürfnissen von klimabedingt mobilen Menschen besser gerecht zu werden (UNHCR 2011c). Auch die Idee von Migration als eine (potenzielle) Anpassungsstrategie wurde hier bereits eindeutig unterstützt (vgl. UNHCR 2011c).

Protecting People Crossing Borders in the Context of Climate Change Normative Gaps and Possible Approaches (2012) – Diese Studie betonte, dass Staaten nach geltendem Völkerrecht drei Arten von Verpflichtungen im Kontext des Klimawandels hätten: Minderung, Anpassung und Schutz. Obwohl die Relevanz weicher völkerrechtlicher Instrumente hervorgehoben wurde, verweist die Studie auf die Lückenhaftigkeit internationaler Regime hinsichtlich Migrationsbewegungen im Kontext des Klimawandels (vgl. UNHCR 2012).

Harm's Way: International protection in the context of nexus dynamics between conflict or violence and disaster or climate change (2018) – Zusammenfassend untersuchte die vom UNHCR in Auftrag gegebene Studie, wie Erstaufnahmeländer flüchtlingsrechtliche Bestimmungen nutzen, um auf Katastrophen(-vertreibung) zu reagieren. Die daraus abgeleiteten Empfehlungen sind dabei hervorzuheben: i) Entwicklung rechtlicher Leitlinien durch das UNHCR, um Staaten über die Relevanz und die Anwendung der GFK von 1951 sowie regionaler Flüchtlingsinstrumente im Kontext von klimawandelbezogener Mobilität zu informieren; ii) Bereitstellen von Studien vonseiten des UNHCR zur Frage, wie sich die Folgen von Katastrophen, des Klimawandels sowie des Vorhandenseins von Konflikten auf soziale, politische, wirtschaftliche, sicherheitsbezogene, menschenrechtliche und humanitäre Bedingungen auswirken und sich auf Kriterien der Flüchtlingsdefinitionen anwenden ließen; iii) Bereitstellen von Leitlinien durch das UNHCR zu den Möglichkeiten internationalen Schutzes im Falle von Vertreibungen aufgrund von Katastrophen (vgl. UNHCR 2018).

Refugee Law in a Time of Climate Change, Disaster and Conflict (2020) – Diese Studie fokussierte sich auf die juristische Anwendbarkeit des Flüchtlingsrechts in Situationen, in denen die Auswirkungen des Klimawandels und anderer Umweltveränderungen mit Konfliktsituationen (sogenannten *Nexus-Situationen*) zusammentreffen. Empfohlen wurde der Ausbau der Wissensgrundlagen in diesem Bereich, um eine robuste und konsequente Umsetzung des Flüchtlingsrechts in der Praxis zu fördern (vgl. UNHCR 2020a).

2017 machte das UNHCR auf die irreführende Verwendung des Begriffs »Klimaflüchtlinge« aufmerksam: »Der Klimawandel betrifft Menschen in ihren eigenen Ländern und führt typischerweise zu Binnenvertreibung [und nicht zu Situationen], wo Menschen internationale Grenzen überschreiten. Dennoch kann es Situationen geben, in denen die Flüchtlingskriterien der Konvention von 1951 angewendet werden könnten, beispielsweise wenn dürrebedingte Hungersnöte mit bewaffneten Konflikten und Gewalt verbunden sind« (vgl. UNHCR 2017c). Die hier geschilderten und im UNHCR-Kontext als *Nexus-Situationen* bezeichneten Situationen – das heißt: interne und/oder grenzüberschreitende Mobilitätsprozesse, die einerseits durch eine Kombination aus Konflikten oder Unruhen und den Folgen von Klimawandel und/oder anderen Umweltveränderungen andererseits hervorgerufen werden – haben sich in den letzten Jahren zu einem zentralen Schwerpunkt der rechtlichen Überlegungen des UN-Flüchtlingshilfswerks entwickelt. Ebenfalls im Jahr 2017 entschied das UNHCR, dass Menschen, die auf dem afrikanischen Kontinent im Kontext von *Nexus-Situationen* migrieren – auch in Abwägung des konkreten Krisenverlaufs – als Flüchtlinge entweder im

Sinne der Konvention von 1951 oder im Sinne der OAU-Konvention von 1969 zu qualifizieren sind. Wenn sie nicht unter die Kriterien der Flüchtlingseigenschaft fallen, sollte ihnen gegebenenfalls ein ergänzender Schutzstatus zuerkannt werden, sofern dies nach nationalem Recht anwendbar ist (vgl. UNHCR 2017b). Daher sollte eine Person keinesfalls in ihr Herkunftsland zurückgeführt werden und eine rechtliche Grundlage für einen vorübergehenden Aufenthalt auf Basis temporärer Aufenthaltsrechte geschaffen werden, unabhängig vom Recht, die Flüchtlingseigenschaft zu beantragen (vgl. UNHCR 2017b), was auch später noch einmal bekräftigt wurde (vgl. UNHCR 2020b).

Ausgehend von der Analyse der erwähnten Dokumente lassen sich folgende Aussagen bezüglich des UNHCR und seiner Betrachtung von Mobilität im Kontext von Klima- und Umweltwandel treffen: i) Mobilitätsprozesse werden voraussichtlich eine erhebliche Folge des Klimawandels ausmachen (sowohl für plötzlich als auch langsam eintretende Umweltereignisse), aber es besteht dringender Bedarf an Forschung und einem besseren Verständnis zu diesem Thema; ii) Antworten auf die Herausforderungen menschlicher Mobilität im Kontext von Klima- und anderen Umweltveränderungen müssen sich an den Grundprinzipien der Menschlichkeit, der Menschenwürde und der anderen Menschenrechte orientieren; iii) obwohl die Konvention von 1951 sowie existierende regionale Instrumente auf bestimmte Fälle grenzüberschreitender klimabedingter Mobilität Antworten liefern können, so sind sie dennoch in der Möglichkeit ihrer konkreten Anwendbarkeit begrenzt; iv) die Begriffe »Klimaflüchtling« und/oder »Umweltflüchtling« sollten vermieden werden, da sie ungenau und irreführend sind; v) Mobilität sollte als Anpassungsstrategie für die Auswirkungen des Klimawandels und anderer Umweltveränderungen anerkannt und als solche entsprechend unterstützt werden.

Der *Strategische Rahmen für Klimamaßnahmen* des UNHCR (2022) stellt einen Orientierungsrahmen dar, der auf die Bewältigung des zunehmend relevanten Themas der Migration im Zusammenhang mit Umwelt- und Klimawandel ausgerichtet ist. Der Rahmen zeigt somit die jeweiligen Wege für UNHCR-Maßnahmen vor Ort auf und stützt sich stark auf eine enge Zusammenarbeit mit den betroffenen Gemeinschaften, Regierungen, UN-Länder-Teams und einem breiteren Spektrum anderer Partner. Im Einklang mit anderen aktuellen Dokumenten, die sich mit der Verknüpfung von Migration und Umweltveränderungen befassen, orientiert sich das neue Rahmenwerk auch an bestehenden übergreifenden Strategien, Leitprinzipien und Konventionen, um eine zunehmende Harmonisierung der Ansätze in einer umfassenden globalen Strategie anzustreben. Daher erkennt das Rahmenwerk die Bedeutung der Einbeziehung der Agenda 2030 für nachhaltige Entwicklung, des Rahmenübereinkommens der Vereinten Nationen über Klimaänderungen (UNFCCC) und des Pariser Abkommens sowie vieler anderer Rahmenwerke auf globaler, nationaler, regionaler und lokaler Ebene an. Das UNHCR definiert drei wichtige Säulen für weitere Maßnahmen: Erstens konzentriert sich die Säule *Recht und Politik* auf die Unterstützung von Regierungen, relevanten Institutionen sowie den jeweiligen Akteuren bei der Entwicklung, Planung und Umsetzung von rechtlichen und politischen Rahmenbedingungen, die speziell auf den Schutz und die Unterstützung von vom Klimawandel betroffenen Migranten und Migrantinnen, Flüchtlingen und Vertriebenen ausgerichtet sind. Zweitens befasst sich die Säule *Operationen* mit konkreten Maßnahmen vor Ort, wobei der Schutz und die Sanierung von durch den Klimawandel gefährdeten Gebieten, die Stärkung der Widerstandsfähigkeit gefährdeter und vertriebener Gemeinschaften, wie auch die verstärkte Vorbereitung, Antizipation und Reaktion auf Umweltkatastrophen im Mittelpunkt des Interesses stehen. Die Säule *Globaler Fußabdruck des UNHCR* schließlich zeigt Möglichkeiten auf, wie das UNHCR durch die Verringerung von Treibhausgasemissionen und die Minimierung negativer Auswirkungen auf die Umwelt im Rahmen der UNHCR-Maßnahmen vor Ort zu einer nachhaltigen Entwicklung beitragen kann. Alle Säulen und ihre jeweiligen Unterbereiche werden durch eine Reihe potenzieller künftiger Maßnahmen unterstrichen, die das Rahmenwerk in die Wege leiten will. Darüber hinaus unterstreicht das Rahmenwerk die Ziele des UNHCR, einen kollaborativen, evidenzbasierten, innovativen und inklusiven Ansatz umzusetzen, um speziell auf die Bedürfnisse der am stärksten gefährdeten Geflüchteten- und

Migrierendengruppen im Lichte des Klima- und Umweltwandels einzugehen (vgl. UNHCR 2020a).

Internationale Klimapolitik und UNFCCC

Obwohl die wissenschaftliche Forschung zum Klimawandel bereits gegen Ende des 19. Jahrhunderts begann, wurde der (menschengemachte) Klimawandel erst in den 1980er Jahren zu einem Politikum (vgl. Bodansky 2001). Durch die wachsende Anzahl an Studien, die einen Zusammenhang zwischen menschlichem Handeln und globaler Erwärmung erkannten, wurde die internationale Gemeinschaft zur Gestaltung eines geeigneten globalen politischen Rahmens zur Adressierung der entstehenden Herausforderungen gedrängt. Dieser Prozess gipfelte schließlich in der Verabschiedung der UN-Klimarahmenkonvention (UNFCCC) während der UN-Konferenz über Umwelt und Entwicklung in Rio de Janeiro im Jahr 1992 (vgl. UN 1992). Nach der Ratifizierung durch 192 Staaten ist der seit 1994 gültige Vertrag der erste seiner Art, welcher die nachteiligen Auswirkungen des Klimawandels und seine anthropogenen Ursachen anerkennt. Im Vertrag wird daher eine Reduktion von Treibhausgaskonzentrationen in der Atmosphäre angestrebt, um der schädlichen Beeinträchtigung des Klimasystems vorzubeugen (vgl. UN 1992).

Unter Berücksichtigung des *Prinzips der gemeinsamen, aber unterschiedlichen Verantwortung* (CBDR) wurden die Vertragsparteien in zwei Gruppen eingeteilt: Industrieländer, die im Laufe der Geschichte für die Emission von erheblichen Mengen an Kohlendioxid verantwortlich waren (aufgelistet in Anhang I der Konvention), und Entwicklungsländer, die ihre Energieversorgung erst noch ausbauen müssen, um ihren (zukünftigen) Entwicklungsbedarf zu decken. Darüber hinaus wurde eine komplexe Regelungs-Struktur organisiert, um einvernehmliche Maßnahmen zur Eindämmung der Treibhausgasemissionen sowie zur Abwendung der Auswirkungen des Klimawandels zu definieren, zu koordinieren und umzusetzen. Als Teil dieses Systems fördern die jährlich stattfindenden Konferenzen der Vertragsparteien (COPs) die regelmäßige Revision des Abkommens und beschließen neue Maßnahmen, um die effektive Umsetzung voranzutreiben. Zusammen bilden die auf den Konferenzen getroffenen Entscheidungen den internationalen normativen Rahmen, um die Ursachen und Auswirkungen des Klimawandels weltweit zu bekämpfen (vgl. Schraven und Serraglio 2023).

Fragen rund um menschliche Mobilität im Kontext des Klimawandels spielten allerdings lange keine (offizielle) Rolle im UNFCCC-Kontext. Traditionell bestand die Aufgabe klimapolitischer Akteure vor allem darin, Migration durch Minderungs- oder Anpassungsmaßnahmen zu verhindern; eine aktive Auseinandersetzung mit Prozessen menschlicher Mobilität wurde als politisch sensible, komplexe und abstrakte Angelegenheit angesehen (vgl. Schraven 2021). Daher überrascht es wenig, dass im Kontext der UNFCCC menschliche Mobilität nicht als Kernaspekt hervorgehoben wurde. Die Klimakonvention von 1992 war mitnichten darauf ausgelegt, eine (erwartbare) Intensivierung der Migration in diesem Kontext zu adressieren (vgl. Mattos und Mont'Alverne 2016). Menschliche Mobilität wurde offiziell erstmals 2010 – vor allem auf zivilgesellschaftlichen Druck hin – während der COP 16 zum Thema, konkret als Teil des *Cancun Adaptation Frameworks*: In Absatz 14(f) des Beschlusses 1/CP.16 werden »Maßnahmen zur Verbesserung des Verständnisses, der Koordinierung und der Zusammenarbeit in Bezug auf durch den Klimawandel bedingte Vertreibung, Migration und geplante Umsiedlungen, falls angemessen, auf nationaler, regionaler und internationaler Ebene gefordert« (vgl. UNFCCC 2010, S. 5). Trotz der allgemeinen Anerkennung der Bedeutung des Themas wurden hierzu keine verbindlichen Zusagen empfohlen. Dennoch gilt der Absatz als wichtiger Meilenstein (vgl. Warner 2018).

Während der COP 18 (2012) wurde das Thema im Zuge der Diskussion um ein Kompensationsinstrument zur Bewältigung von Schäden und Verlusten (*loss and damage*), die durch die Folgen des Klimawandels auftreten, erneut behandelt. Infolgedessen richtete die COP 19 (2013) den *Warschauer Internationalen Mechanismus für Verluste und Schäden* (WIM) ein, um Ländern, die überproportional von den Auswirkungen des Klimawandels betroffen sind, technische

Hilfe und Unterstützung zu bieten. Damit hatte sich die Sichtweise der Entwicklungsländer, Verluste und Schäden als eigenständige Säule in die globale Klimaagenda aufzunehmen, durchgesetzt. Die entwickelten Staaten waren mehrheitlich für die Beibehaltung der Zwei-Säulen-Struktur, bestehend aus Maßnahmen der Minderung und der Anpassung (vgl. Mattos und Mont'Alverne 2016). Wichtig ist in diesem Zusammenhang, dass menschliche Mobilität in den ersten zweijährigen Arbeitsplan des Exekutiv-Komitees des WIM aufgenommen wurde. In diesem Zusammenhang wurde die Zusammenstellung einer konsistenten wissenschaftlichen Datenbasis über die Zusammenhänge zwischen Bevölkerungsbewegungen und Klimawandel mit Berücksichtigung vulnerabler Bevölkerungsgruppen gefordert. Letztlich erfolgte eine Zusammenfassung bestehender Studien, Daten und gewonnener Erkenntnisse zu dem Thema (vgl. UNFCCC 2014).

Im Pariser Klimaabkommen von 2015 wurde das Exekutivkomitee des WIM schließlich aufgefordert, eine Task Force ins Leben zu rufen, um »Empfehlungen für integrierte Ansätze zur Vermeidung, Minimierung und Bekämpfung von Vertreibung im Zusammenhang mit den negativen Auswirkungen des Klimawandels zu entwickeln« (vgl. UNFCCC 2015). Auch wenn die Vorgaben vage blieben, begrüßten einige Beobachterinnen und Beobachter (siehe zum Beispiel Behrman und Kent 2018) die zaghafte Adressierung klimabedingter Mobilität im Rahmen des globalen Klimaregimes, da man sich hiervon am ehesten konkrete Lösungen versprach – auch weil das UNFCCC offenkundig nun eine Führungsrolle bei der Adressierung des Problems beanspruchte.

Die Aktivitäten der *Task Force on Displacement* (TFD), die ihre Arbeit 2017 aufnahm und die aus 14 Vertreterinnen und Vertreter internationaler und zivilgesellschaftlicher Organisationen, dem UNFCCC-Sekretariat und dem WIM-Exekutivkomitee besteht, wurden entlang dreier Themenbereiche gruppiert: i) Verbesserung des Wissens und des Verständnisses von menschlicher Mobilität im Kontext des Klimawandels; ii) Stärkung der Koordinierung, Kohärenz und der Synergien zwischen den verschiedenen Akteuren, die in diesem Themenbereich arbeiten; und iii) angemessenes Management von Verlusten und Schäden, die mit dem Klimawandel in Verbindung stehen (vgl. UNFCCC 2018).

Die von der TFD entwickelten Empfehlungen wurden 2018 während der COP 24 vorgestellt. Nebst der Darstellung des Klimawandels als Bedrohungsmultiplikator und als wesentlicher mobilitätsauslösender Faktor betonte der Bericht vor allem die Notwendigkeit, die Forschung zu den Auswirkungen von *slow-onset hazards* und anderen Katalysatoren von Vertreibung (einschließlich Konflikten) und ihrer Wechselbeziehung voranzubringen. Der Bericht wies darauf hin, dass der Mangel an aussagekräftigen Informationen und zuverlässigen Daten nationale Regierungen und Organisationen daran hindere, das Problem genau zu erfassen und zu bewältigen. Zudem wurde im Bericht auch die Verwendung des Begriffs *menschliche Mobilität* eingeführt, um die unterschiedlichen Formen von Bevölkerungsbewegungen im Zusammenhang mit dem Klimawandel zu beschreiben. Die TFD untersuchte zudem, wie Migration, Vertreibung und geplante Umsiedlungen bislang in laufende internationale Politikprozesse integriert wurden und stellte dabei fest, dass die Berücksichtigung menschlicher Mobilität im Kontext des Klimawandels seit der Verabschiedung des Pariser Abkommens in unterschiedlichen politischen Diskursen durchaus zugenommen hat (vgl. UNFCCC 2018).

Für die nationale Ebene empfahl die TFD die Verabschiedung von speziellen Gesetzen zu Koordinierung von jenen Akteuren, die sich mit dem Themenkomplex menschlicher Mobilität und dem Klimawandel auseinandersetzen. Der TFD-Bericht schlug außerdem Partnerschaften mit betroffenen Kommunen und beteiligten Interessenvertreterinnen und -vertretern und die Berücksichtigung menschlicher Mobilität für die Formulierung und Umsetzung von *Nationalen Anpassungsplänen* (NAPs) und den *Nationalen Klimabeiträgen* (NDCs) vor. Zusätzlich wurden Regierungen aufgefordert, Forschung, Datensammlung und Risikoanalysen zu verbessern sowie Informationen untereinander auszutauschen, um dadurch die klimabedingte menschliche Mobilität besser zu erfassen (vgl. UNFCCC 2018). Studien zu diesen nationalen Anpassungsplänen und -politiken (vgl. Mokhnacheva 2022) legen nahe, dass Länder im Allgemeinen Anpassungslösungen anstreben, die es der Bevölkerung ermöglichen, weiterhin in ihren Heimatorten wohnen bleiben zu können und Migration eher zu vermeiden. Migration wird in den nationalen Klimapolitiken nach wie vor eher zögerlich behandelt (vgl. Huckstep und Clement 2023).

Durch die Verlängerung des Mandats der TFD im Jahr 2019 um fünf Jahre steigt das Potential, eine Schlüsselrolle bei der Formulierung und Umsetzung wirksamer Maßnahmen für Mobilität im Kontext des Klimawandels einzunehmen. Das UNFCCC-System und die in seinem Kontext unternommenen Anstrengungen spielten eine wichtige Rolle dabei, dass das Thema auf internationaler Ebene verankert wurde.

Dem Thema der Wechselwirkungen zwischen Klima und Migration wurde Ende 2022 auf der im ägyptischen Sharm el-Sheikh abgehaltenen COP27 viel Aufmerksamkeit geschenkt – wenn auch auf den ersten Blick eher bei den Side Events als wichtiger Teil der offiziellen Agenda. Interessant ist in diesem Kontext die Einrichtung des *Fonds für Loss and Damage*. Der Umsetzungsplan von Sharm el-Sheikh hingegen zählt Zwangsmigration als auch andere Formen von menschlicher Mobilität zu den verheerenden wirtschaftlichen und nichtwirtschaftlichen Verlusten, für die Mittel bereitgestellt werden könnten. Dies eröffnet zumindest potenziell die Möglichkeit für künftige Transfers zur Finanzierung von adaptiver und katastrophenbedingter klimabezogener menschlicher Mobilität. Allerdings müssen hier noch viele Fragen geklärt werden (vgl. Huckstep und Ginn 2023).

Die Agenda 2030

Im September 2015 verabschiedeten die Mitgliedstaaten der Vereinten Nationen die Agenda 2030, welche globale Ziele für eine nachhaltige Entwicklung definiert. Diese wurden von der Generalversammlung der Vereinten Nationen (UNGA) durch die Resolution Nr. 70/1 von 2015 befürwortet und sind das Ergebnis eines Prozesses, der 2012 mit dem Ziel der Überarbeitung und Aktualisierung der Millennium Development Goals (MDGs) begann. Mit der Agenda 2030 eng verknüpft sind die 17 Ziele (*Sustainable Development*

Goals, kurz: SDGs), welche soziale, ökonomische und ökologische Ebenen zugleich adressieren. Diese Ziele sind in weitere Unterziele unterteilt (insgesamt 169), um eine breite Implementierung zu ermöglichen. Besonders wichtig ist, dass die Agenda 2030 auf mehrere Ebenen – von der globalen bis hin zur lokalen – und diverse Akteursgruppen (Einzelpersonen, Staaten, Organisationen, Zivilgesellschaft, Wissenschaft und Wirtschaft) abzielt. Die Agenda 2030 richtet ihr Augenmerk insbesondere auf vulnerable Gruppen und besitzt eine spürbare Menschenrechtsorientierung. So erhalten zum Beispiel Kinder, Frauen, ältere Menschen, Geflüchtete und Migrierende spezielle Aufmerksamkeit. Besonders hervorzuheben ist auch die Betonung des positiven Beitrags und des Potentials von Migration für nachhaltige Entwicklung und inklusives Wachstum. Anders als bei den MDGs werden Migrationsprozesse daher als wichtiger Teilaspekt der neuen Ziele für eine nachhaltige Entwicklung betrachtet, beispielsweise in der Aufforderung an die Staaten zur Zusammenarbeit für eine geordnete, sichere, reguläre und verantwortungsvolle Migration und Mobilität (SDG 10.7) durch die Umsetzung einer gut konzipierten und adäquat gesteuerten Migrationspolitik (vgl. UNGA 2015).

Die verschiedensten Formen der Mobilität werden also als Prozesse mit signifikanter Bedeutung für das Erreichen der SDGs betrachtet, was klima- oder umweltbezogene Mobilität miteinschließt. Allerdings gibt es keine direkte Nennung des Zusammenhangs zwischen Klimawandel und Mobilität in der Agenda 2030, weshalb sie auch nur bedingt als übergeordnetes internationales Rahmenwerk für klimawandelbezogene Mobilität betrachtet werden kann (vgl. Wilkinson et al. 2016). In 99 der 17 Ziele mit ihren insgesamt 169 Unterzielen wird zumindest auf das Thema Mobilität Bezug genommen, wenn auch ohne den Klimawandel als Bezugsgröße.

Doch der Klimawandel und seine Beeinträchtigung der menschlichen Sicherheit spielen durchaus eine gewichtige Rolle in den SDGs: SDG 11 (*Nachhaltige Städte und Gemeinden*) zielt etwa darauf ab, das Risiko von Katastrophen und deren Auswirkungen auf den Menschen zu mindern. Zu diesem Zweck wird die Entwicklung von Politiken und normativen Instrumenten zur Reduzierung von Katastrophenrisiken sowie zur Anpassung an die Auswirkungen des Klimawandels empfohlen. Somit ist die Agenda 2030 auch an den Zielen des *Sendai Frameworks for Disaster Risk Reduction 2015–2030* orientiert (siehe unten). Bezüglich SDG 13 (*Maßnahmen zum Klimaschutz*), in dem ebenfalls keine explizite Verbindung von Klimawandel und Mobilität gezogen wird, wird insbesondere vonseiten der Wissenschaft gewarnt, dass fehlende Strategien zur Bewältigung der Herausforderungen umweltbezogener Mobilität einen besseren Klimaschutz nachhaltig gefährden (vgl. Wilkinson et al. 2016; McLeman und Gemenne 2018). Obwohl Migration in der Agenda 2030 eine tragende Rolle einnimmt und als wesentlicher Anpassungs- und Entwicklungsmechanismus angesehen wird, so ist das Fehlen von klimabezogener Mobilität eine nicht zu unterschätzende Schwachstelle.

Der globale Migrationspakt

Im Gegensatz zur Agenda 2030, welche die Sonderstellung von klima- und umweltbezogener Migration nicht explizit adressiert, kann der globale Pakt für sichere, geordnete und reguläre Migration (*Global Compact for Safe, Orderly and Regular Migration*, kurz: GCM) als wichtiger Schritt für die Berücksichtigung von menschlicher Mobilität im Kontext des Klimawandels angesehen werden. Im Dezember 2018 verabschiedet – Ausgangspunkt war die New Yorker *Erklärung für Flüchtlinge und Migranten der Vereinten Nationen* vom September 2016 – beinhaltet der GCM ausführliche Abschnitte über Migrationsbewegungen, die mit ökologischer Degradation, Umweltkatastrophen und nachteiligen Auswirkungen des Klimawandels in Verbindung stehen (vgl. UNGA 2018). Das rechtlich unverbindliche Abkommen betrachtet die damit verbundenen Herausforderungen aus einer umfassenden und breit gefächerten Perspektive (vgl. IOM und UNCCD 2019).

Durch die Berücksichtigung des Klimawandels als bedeutendem Faktor bei Mobilitätsentscheidungen im zweiten Ziel des GCM (*Minimize the adverse drivers and structural factors that compel people to leave their country of origin*) sowie einem entsprechenden Fokus auf die Entwicklung von Strategien zur Reduktion von umweltbezogener Mobilität wird die Umwelt explizit als wichtige Determinante für Mobilitätsprozesse hervorgehoben. Ziel 5 des Pakts (*Enhance availability and flexibility of pathways for regular migration*) fordert beispielsweise die (Weiter-)Entwicklung von Praktiken auf nationaler und regionaler Ebene, um Menschen Schutz zu gewähren, die ihr Land aufgrund von plötzlich einsetzenden Katastrophen verlassen müssen. Des Weiteren beschäftigt sich auch Ziel 23 (*Strengthen international cooperation and global partnerships for safe, orderly and regular migration*) mit umweltbezogener Mobilität, indem eine Verbesserung internationaler und regionaler Kooperation zwischen Ländern gefordert wird, die vermehrte umweltbezogene Bevölkerungsbewegungen beobachten (vgl. UNGA 2018).

Im Vergleich zur TFD der UNFCCC, die ihre Empfehlungen zur Erkennung, Vorbeugung und Reduktion des Einflusses von Umweltfaktoren auf Mobilitätsentscheidungen mehrheitlich auf plötzlich einsetzende klimabezogene Gefahren und Katastrophen beschränkt, ist der GCM deutlich breiter aufgestellt, da hier auch schleichende Umweltprozesse berücksichtigt werden. Zudem wird durch den GCM ebenfalls erzwungene Mobilität miteinbezogen und eine regional orientierte Harmonisierung und Abstimmung entsprechender Strategien betont. Dabei wird vor allem die Bedeutung einer geeigneten Methodologie zur (besseren) Erfassung von adäquaten Daten und Informationen – insbesondere regionale und nationale Mobilitätstendenzen betreffend – gefordert.

Im Mai 2022 fand in New York das allererste *International Migration Review Forum* (IMRF) statt, eine Art Überprüfung des Stands der Umsetzung des Globalen Migrationspaktes. Der Klimawandel stand bei diesem Forum oben auf der Tagesordnung. Erkennbar war, dass das Thema der menschlichen Mobilität im Kontext des Klimawandels differenziert betrachtet wurde. So wurde etwa über Migration als Anpassungsstrategie diskutiert. Insgesamt gehen also von diesem Prozess positive Impulse aus (vgl. Huckstepp und Ginn 2023).

Die Platform on Disaster Displacement

Die *Platform on Disaster Displacement* (PDD) ist eine von mehreren Staaten getragene Initiative im Bereich der klimabezogenen Mobilität. Der PDD steht ein Lenkungsausschuss vor, dem insgesamt 16 Staaten – neben Deutschland u.a. Kenia, Frankreich, die Malediven und die Schweiz – sowie die EU als Staatenverbund angehören. Vor allem Deutschland, Frankreich, die Schweiz und die EU finanzieren die Aktivitäten der PDD. Im Speziellen befasst sich die PDD mit grenzüberschreitender Vertreibung aufgrund von Umweltkatastrophen und berücksichtigt somit nicht sämtliche Formen von Mobilität im Zusammenhang mit dem Klimawandel. Der Fokus liegt vielmehr auf plötzlich auftretenden Umweltkatastrophen (Flutereignisse, Wirbelstürme etc.). Da die Zahl solch plötzlich eintretender Umweltereignisse in den letzten Jahrzehnten stark zugenommen hat und auch zukünftige Projektionen von einem Anstieg ausgehen, ist die Anzahl von Vertriebenen in diesem Kontext bereits beträchtlich. Die PDD versteht sich vor allem als ein Forum des gegenseitigen Informationsaustausches zur Unterstützung geeigneter Maßnahmen und zur grenzübergreifenden Kooperation (vgl. McAdam 2016).

Bereits im Jahr 2012 wurde von Norwegen und der Schweiz die sogenannte *Nansen-Initiative* ins Leben gerufen, welche den direkten Vorgänger der PDD darstellt. Auch die *Nansen-Initiative* war ein staatengeführter Zusammenschluss, der sich insbesondere der Ausarbeitung von Schlüsselprinzipien zum Schutz von Vertriebenen im Kontext von Katastrophen widmete. Obwohl die Mitgliedstaaten mit ihren jeweiligen Staatsvertretern eine führende Rolle einnahmen, war die *Nansen-Initiative* doch stark an regionale Konsultationen und Beratungen gebunden, an denen auch Betroffene, internationale Organisationen, zivilgesellschaftliche Gruppen und wissenschaftliche Einrichtungen teilnahmen. Insgesamt war die Initiative in sieben Subregionen der Welt tätig. Die Nansen-Initiative wurde überwiegend positiv bewertet, da die aktive Einbeziehung verschiedenster Akteure sowie ein weitestgehendes Vermeiden alarmistischer Diskurse zur Gestaltung einer zukunftsorientierten und konstruktiven Strategie führte. Als wesentlicher Meilenstein kann zudem die

Entwicklung der *Agenda for the ProtectionP of Cross-Border Displaced PersonsCBDP in the ContextC of DisastersD and Climate ChangeCC* betrachtet werden, im Wesentlichen ein Werkzeugkasten für Ad-hoc-Lösungen bei grenzüberschreitender Vertreibung im Kontext von Umweltkatastrophen (vgl. McAdam 2016).

Beim *World Humanitarian Summit* 2016 wurde, auf das bestehende Grundgerüst aufbauend, schließlich die PDD gegründet, um die Arbeit der *Nansen-Initiative* fortzuführen und die grundlegenden Ideen und Vorsätze der o.g. Agenda umzusetzen. Das Hauptaugenmerk ist auch hier auf den Schutz und die Sicherheit von vertriebenen Menschen gerichtet. Allerdings sollte nun ebenfalls ein stärkerer Fokus auf die Bereiche Katastrophenrisikoreduzierung und Katastrophenvorsorge vor Ort gelegt werden – mit einer deutlichen Bezugnahme auf die Menschenrechte (vgl. Cullen 2020). Ein grundlegendes Prinzip der PDD ist, dass die Plattform nicht beabsichtigt, eine neue internationale Konvention zum Schutz von durch Umweltkatastrophen Vertriebenen herbeizuführen. Vielmehr sollen bestehende nationale Politik- und Rechtsrahmen so ausgeweitet werden, dass die betroffenen Menschen darin angemessen berücksichtigt werden (vgl. Mokhnacheva 2022).

Die Plattform befürwortet eine Einbeziehung aller beteiligten Interessensgruppen mit einer daraus resultierenden Stärkung der Beziehungen zwischen technischen, operativen und politisch-administrativen Ebenen (vgl. McAdam 2016). Die PDD hat gemäß ihres aktuellen Strategieplans, der Aktivitäten bis Ende 2022 vor allem in Afrika, Asien, Lateinamerika und im Pazifik vorsieht, vier strategische Schwerpunktbereiche: i) Unterstützung der integrierten Umsetzung globaler politischer Rahmenbedingungen zu menschlicher Mobilität, Klimaschutzmaßnahmen und Katastrophenvorsorge; ii) Entwicklung politischer und normativer Rahmen (v.a. auf regionaler Ebene und im Bereich *Soft-Law*), um den Schutz von Personen zu verbessern, die von (grenzüberschreitender) Vertreibung bedroht sind; iii) Erleichterung des Wissensaustauschs und Stärkung der Kapazitäten auf nationaler und regionaler Ebene zur Umsetzung effektiver Praktiken und Instrumente im Bereich Katastrophenvertreibung; und iv) Stärkung der Datenerhebung in relevanten Bereichen (vgl. PDD 2021).

In den letzten Jahren hat die PDD mit unterschiedlichen bzw. variierenden Partnern (IOM, UNHCR, Regionalorganisationen, Organisationen der Entwicklungszusammenarbeit, zivilgesellschaftliche Organisationen usw.) dutzende Prozesse und Projekte vor allem auf regionaler Ebene angestoßen. Schwerpunkte dieser – und auch anderer – Prozesse und Projekte (siehe unten) mit dem Fokus menschlicher Mobilität im Kontext von Klimawandel und Katastrophen haben dabei die Schwerpunkte: Verbesserung der empirischen Wissensgrundlagen (vor allem im Bereich Daten), Förderung der (Problem-)Bewusstseinsbildung für Entscheidungsträgerinnen und -träger für die unterschiedlichen Herausforderungen sowie Auf- und Ausbau entsprechender Kapazitäten zur Förderung politisch-rechtlicher Rahmenbedingungen und politischer Kohärenz. Es ist dabei durchaus nicht einfach, die unterschiedlichen Politikfelder, Organisationen und Staaten zusammenzubringen, denn sie alle haben ganz unterschiedliche Vorstellungen, Mandate und Narrative hinsichtlich Migration. Während Akteure der Klimapolitik etwa Migration lange als etwas behandelt haben, das es mit Klimaschutz oder Anpassungspolitik vor allem zu verhindern gilt, war die Steuerung von Migration per definitionem stets Bestandteil migrationspolitischer Akteure (vgl. Schraven 2021).

Weitere Prozesse, Initiativen und Programme

Das *Sendai-Rahmenwerk für Katastrophenvorsorge 2015–2030* (kurz: *Sendai Framework*) ist ein unverbindliches Abkommen, welches sich eine substanzielle Reduktion von katastrophenbedingten Risiken und Verlusten in allen – ökonomischen, sozialen, kulturellen und ökologischen – Bereichen menschlichen Lebens zum Ziel setzt. Dazu soll diese Reduktion auf sämtlichen Ebenen, von Einzelpersonen über Unternehmen, Gemeinden bis hin zu Staaten anwendbar sein (vgl. UNDRR 2015). Insgesamt werden sieben übergeordnete Ziele definiert, die allesamt auf eine Verringerung von Katastrophenrisiken und eine Stärkung von Managementprozessen ausgerichtet sind. In diesem Zusammenhang ist vor allem die Erhöhung der Resilienz der jeweils betroffenen Kommunen sowie eine generelle Verbesserung der Notfallvorsorge und Gefahrenabwehr von Bedeutung. Das *Sendai Framework* verweist dabei auch ausdrücklich auf das Potential diverser Mobilitätsformen für den nachhaltigen und kontinuierlichen Aufbau von Resilienz und Anpassungsfähigkeit (vgl. Yamamoto et al. 2017). Zudem wird gefordert, fliehende Personen und deren Schutz besser in bereits vorhandene sowie neue Strategien zur Reduzierung des Katastrophenrisikos einzubinden. Dies soll im Rahmen des Gesamtziels einer signifikanten Stärkung von menschlicher und infrastruktureller Resilienz durch die Beteiligung von Regierungen, regionalen und internationalen Organisationen sowie relevanten Stakeholdern geschehen (vgl. IDMC 2017). Die Berücksichtigung des Potentials umweltbezogener menschlicher Mobilität, die bisher entweder nur als direkte Folge von Katastrophen oder als zusätzlicher Risikotreiber betrachtet wurde, stellt im *Sendai Framework* eine klare Weiterentwicklung gegenüber bis dahin vorherrschenden Sichtweisen von Mobilität dar (vgl. Guadagno 2016).

Basierend auf den jüngsten Fortschritten in den Bereichen Forschung, Politik und Praxis veröffentlichte die IOM (2020) eine *Institutional Strategy on Migration, Environment and Climate Change 2021–2030*. Diese Strategie soll der IOM einen neuen Orientierungsrahmen bieten für die Forschung, Beratung und sonstige Aktivitäten der Organisation. Die Strategie orientiert sich dabei auch an anderen relevanten Rahmenwerken wie der Agenda 2030, dem UNFCCC oder dem Globalen Migrationspakt. Die neue Strategie orientiert sich an den neuesten wissenschaftlichen Erkenntnissen und setzt sich für einen umfassenden, evidenzbasierten und auf Rechten basierenden Ansatz in Bezug auf Migration im Kontext von Umweltveränderungen ein, der Migrierende, Flüchtlinge und Vertriebene gleichermaßen einbezieht. Die neue Strategie hat insbesondere auf eine bessere Koordinierung zwischen den jeweiligen übergreifenden Rahmenwerken, den verschiedenen institutionellen Partnern sowie den verantwortlichen Regierungen und politischen Akteuren auf allen Ebenen zum Ziel. Die Strategie strebt die Entwicklung von Lösungen an für drei Kernbereiche bzw. Adressatengruppen: i) *People to move*, was sich auf die Steuerung von Migration im Kontext von Klimawandel, Umweltzerstörung und Katastrophen bezieht;

ii) *People on the move*, welches abzielt auf die Unterstützung und den Schutz von Migrantinnen und Migranten und Vertriebenen im Kontext von Klimawandel, Umweltzerstörung und Katastrophen; und iii) *People to stay*, welches als Ziel definiert, Migration zu einer Wahlmöglichkeit zu machen, indem die Widerstandsfähigkeit der Menschen gestärkt und die negativen klimatischen und umweltbedingten Faktoren angegangen werden sollen, welche die Menschen zur Migration zwingen. Die IOM möchte mit dieser Strategie vor allem Staaten und andere Akteure dabei unterstützen, innovative, rechtebasierte Migrationspolitiken und -praktiken zu entwickeln, die den Klimawandel, Umweltzerstörung und Katastrophen »miteinpreisen«. Ferner beabsichtigt die IOM, den Bereich Datenerhebung und -analyse bzw. die empirische Evidenz zu klimabezogener Mobilität weiter auszubauen. Wichtig ist ebenfalls, dass die IOM die politische Kohärenz und integrative Partnerschaften (weiter) fördern will, um die Einbeziehung von Migration und Vertreibung in andere relevante politische Agenden (Klimawandel, Umwelt, Katastrophen usw.) zu verankern (vgl. IOM 2020).

Im kürzlich veröffentlichten Arbeitspapier der Europäischen Kommission *Addressing displacement and migration related to disasters, climate change and environmental degradation* – einer Aktualisierung eines 2013 veröffentlichten Dokuments – bietet die Europäische Kommission einen Überblick und eine Bewertung bestehender EU-Politiken, -Instrumente und -Praktiken zur Bewältigung der durch Katastrophen verursachten Vertreibung und Migration. Die Kommission möchte das Thema der katastrophen- und klimabedingten Vertreibung auf der internationalen Agenda weiter nach oben rücken sowie globale Anstrengungen in den unterschiedlichsten Bereichen maßgeblich unterstützen (vgl. Europäische Kommission 2022). Das Dokument der Europäischen Kommission beschreibt konkrete politische Schritte und Absichtserklärungen. Wie die Ausgestaltung dieser Ziele konkret verlaufen wird, ist auch hier noch nicht wirklich absehbar.

Die *Intergovernmental Authority on Development* (IGAD), eine Regionalorganisation in Ostafrika, der unter anderem Äthiopien, Uganda, Somalia und der Sudan angehören, ist bereits seit mehreren Jahren ein Vorreiter beim Thema der klimabezogenen Mobilität.

IGAD plant ein regionales Freizügigkeitsabkommen, die den bereits existierenden Abkommen ähneln, wie etwa dem des westafrikanischen Staatenbundes ECOWAS. Das IGAD-Freizügigkeitsmodell sieht auch den Schutz von Personen vor, die im Zusammenhang mit dem Klimawandel migrieren müssen. Die Planungen sehen vor, dass Menschen, die in Erwartung, während oder in Folge einer Katastrophe migrieren, die Einreise in andere IGAD-Staaten gewährt werden soll. In einer Region, die bereits heute stark von klimatischen Herausforderungen betroffen ist, wäre dies ein wichtiger Schritt, die zirkuläre Migration sicherer zu machen. Natürlich muss das Abkommen erst noch umgesetzt werden. Im Juli 2022 wurde im Rahmen eines IGAD-Ministertreffens eine Erklärung zu Migration, Umwelt und Klimawandel veröffentlicht. In dieser Erklärung wurden die Mitgliedstaaten aufgefordert, umfassende Pläne für die Urbanisierung im Zusammenhang mit der klimabedingten Land-Stadt-Migration zu entwickeln, die Gemeinschaften bei der Anpassung an den Klimawandel zu unterstützen, die Zusammenarbeit bei der Umsetzung von Abkommen über Freizügigkeit, Arbeitsmobilität und Wandertierhaltung zu verstärken und den Aufbau von Kapazitäten im Hinblick auf Klimaschutz und menschliche Mobilität zu erleichtern (vgl. Huckstep und Ginn 2023).

Aufgrund des Klimawandels finden bereits Umsiedlungen statt Der steigende Meeresspiegel, verstärkte Katastrophen und dauerhafte Überschwemmungen, die durch den Klimawandel ausgelöst werden, zwingen Menschen dazu, ihre Heimat zu verlassen. Einige der Regionen, in denen bereits Umsiedlungen stattfinden, sind die Pazifikinseln, Küstenregionen in Asien und Afrika, Deltagebiete in Lateinamerika und dem Nahen Osten. In Kiribati, einem Inselstaat im Pazifik, werden beispielsweise bereits Menschen aufgrund des steigenden Meeresspiegels und verstärkter Überschwemmungen umgesiedelt. Ein weiteres Beispiel ist Tuvalu, ein Atoll im Südpazifik, dessen Einwohner aufgrund des steigenden Meeresspiegels Umsiedlungspläne entwickeln. In den USA ist die Umsiedlung von Küstenbewohnern in Louisiana ein wachsendes Problem, insbesondere im Zusammenhang mit Hurrikans und Überschwemmungen. Die Umsiedlung von Menschen – aufgrund des Klimawandels oder aus anderen Gründen – ist eine schwierige und komplexe

Angelegenheit, die mit politischen, sozialen und wirtschaftlichen Herausforderungen einhergeht. Denn viele Menschen haben nach einer Umsiedlung große Probleme damit, wirtschaftlich Fuß zu fassen, ihr soziales Umfeld »wiederherzustellen« oder auch ihr spezifisches kulturelles Erbe zu bewahren (vgl. IDMC 2019).

Mehrere Länder haben humanitäre Visaregelungen, die es Flüchtlingen oder Menschen in bestimmten humanitären Notlagen ermöglichen, in ein Land einzureisen und Asyl oder eine andere Form der Hilfe zu beantragen. Einige Beispiele für Länder mit humanitären Visa sind Australien, Brasilien, Kanada, das Vereinigte Königreich oder auch die Vereinigten Staaten. Die meisten Länder haben spezifische Kriterien für die Erteilung eines humanitären Visums, und die Anspruchsvoraussetzungen sind von Land zu Land unterschiedlich. Australiens humanitäres Visum ist zum Beispiel das *Refugee and Humanitarian Program*, welches Flüchtlingen und Menschen in humanitärer Not helfen soll, die sich außerhalb Australiens befinden und nach Australien umgesiedelt werden müssen, wenn keine andere dauerhafte Lösung zu finden ist (vgl. Matias 2020). Die Anwendung humanitärer Visa für Betroffene des Klimawandels wird zwar von Expertenkreisen häufig gefordert, allerdings zeigt die deutsche Diskussion um den *Klimapass*, das sich vor allem die Staaten des globalen Nordens sehr schwer damit tun, ihre eigenen Regularien so zu ändern, dass noch deutlich mehr Menschen Anspruch auf Asyl bzw. ein Aufenthaltsrecht bei ihnen hätten. Der *Klimapass* geht auf einen Vorschlag des *Wissenschaftlichen Beirats der Bundesregierung für Globale Umweltveränderungen* (WBGU) zurück. Die grundsätzliche Idee ist, dass sich jede Person, die wegen des Klimawandels ihre Heimat verlassen muss, in einem der Länder niederlassen darf, die aufgrund ihrer historischen Treibhausgasemissionen den Klimawandel hauptsächlich verursacht haben. Auf Antrag der Fraktion von *Bündnis 90/Die Grünen* wurde der *Klimapass* Ende 2019 im Bundestag diskutiert. Die Debatte wie auch die Resonanz in den Medien zeigte deutlich, dass die Idee gesellschaftlich und politisch nicht mehrheitsfähig war bzw. ist. Eine »verrückte Idee« gehört dabei wohl noch zu den milderen Bezeichnungen (vgl. Ladurner 2018).

Eine Alternative zu einem humanitären Pass zeigte das Jahr 2013, als der Taifun Haiyan vor allem die Philippinen verwüstete. Die USA und Kanada boten den philippinischen Opfern des Taifuns nicht nur humanitäre Hilfe an, sondern sie eröffneten auch neue erleichterte Möglichkeiten zur Einwanderung. Dies hat nicht nur damit zu tun, dass sowohl die USA als auch Kanada gute bilaterale Beziehungen zu den Philippinen unterhalten. Vielmehr lebt in den USA und Kanada eine beträchtliche Anzahl von Menschen mit philippinischen Wurzeln. In den USA sind die Philippinen das drittwichtigste Herkunftsland von Eingewanderten (vgl. Matias 2020).

Rückblick, Durchblick, Ausblick

Beim Schreiben dieses Schlusskapitels erreichte mich eine E-Mail eines Vertreters einer religiösen Gemeinschaft. Der Absender hatte einen meiner Artikel über den Zusammenhang zwischen Klimawandel und menschlicher Mobilität gelesen und fand, dass dieser Artikel starke Zukunftsängste auslöse. Er wies mich darauf hin, dass Gottes Gemeinschaft – nach Erwartung seiner Religionsgemeinschaft – all diese Probleme schon lösen werde. Die in der E-Mail enthaltenen Links führten zu Artikeln, die meiner Auffassung nach erst recht Zukunftsängste hervorrufen, da darin vor allem unterschiedliche apokalyptische Szenarien thematisiert werden. Diese E-Mail gab mir zu denken, denn Zukunftsängste sind eigentlich das letzte, was ich mit meinen Texten zum Thema *Klimamigration* auslösen möchte.

Der Zusammenhang zwischen Klima und Migration ist sehr komplex. Migration wird von sehr vielen Faktoren beeinflusst, und der Klimawandel ist meist nur einer davon. Es ist daher fast immer sehr schwierig festzustellen, welcher Faktor für eine Wanderungsbewegung nun der entscheidende oder hauptausschlaggebende war. Die meisten Menschen bewegen sich innerhalb von ihren Herkunftsländern oder zwischen Nachbarländern. Um größere Distanzen zu überwinden, fehlen den Hauptbetroffenen des Klimawandels schlichtweg die notwendigen Ressourcen. Apokalyptische Erwartungen eines (hundert-)millionenfachen Ansturms von »Klimaflüchtlingen« in Richtung Europa sind daher bis auf weiteres unwahrscheinlich.

Dies bedeutet nicht, dass die Auswirkungen des Klimawandels auf Migration und Flucht »schon nicht so schlimm« ausfallen werden. Allein schon aufgrund des zu erwartenden Anstiegs des

Meeresspiegels werden innerhalb der nächsten Jahrzehnte Millionen von Menschen weltweit ihre Heimstätten langfristig verlassen müssen. In diesem Zusammenhang wird auch das Thema der geplanten Umsiedlungen immer wichtiger werden. Allerdings müssen wir davon ausgehen, dass Flucht, Migration und Umsiedlungen sich auch zukünftig vor allem innerhalb der besonders vom Klimawandel betroffenen Länder und Weltregionen abspielen werden. Gerade Städtemüssen sich auf (mehr) klimabezogene Mobilität einstellen. Aber schon heute sind städtische Infrastrukturen aufgrund von Bevölkerungszuwachs und den Auswirkungen des Klimawandels stark belastet. Auf der anderen Seite wird eine andere Folge des Klimawandels, nämlich die erzwungene Immobilität (also das Gegenteil von Flucht und Migration), sicherlich immer gravierender werden. Insgesamt haben wir es mit einer ganzen Reihe von offenen Fragen zu tun: Wie genau werden sich Wanderungsbewegungen im Kontext des Klimawandels in Zukunft gestalten? Wie viele Menschen werden genau ihre Heimat verlassen? Welche gesellschaftlichen oder politischen Auswirkungen werden diese zukünftigen Mobilitätsprozesse haben? Diese Fragen können wir nur vage beantworten.

Das globale Flüchtlingssystem bzw. das internationale Recht bietet denjenigen, die sich im Zusammenhang mit einer Katastrophe bewegen, kaum Schutz. Trotz einiger grundsätzlich guter Ansatzpunkte besteht kaum Aussicht auf einen großen internationalen Durchbruch, der dies schon bald ändern könnte. Dafür mangelt es wohl einfach am politischen Willen. Dennoch haben sich in den letzten Jahren etliche politische Prozesse etabliert, die vor allem auf der regionalen Ebene versuchen die komplexen Herausforderungen menschlicher Mobilität im Kontext des Klimawandels anzugehen. Ob es einer globalen Institution bedarf, die diese Aktivitäten zukünftig koordinieren sollte (vgl. Aleinikoff und Martin 2022), darüber lässt sich trefflich streiten. Zu bedenken ist vor allem, dass die Komplexität dieser Herausforderungen differenzierte und kontextspezifische Antworten erfordert. Diese Antworten lassen sich an den folgenden allgemeinen Leitsätzen ausrichten: Eine Verhinderung von Zwangsmigration (soweit dies möglich ist); eine Förderung des positiven Potenzials von Migration, welche grundsätzlich auch eine Anpassungsstrategie sein kann (zum Beispiel durch Rücküberweisungen); und die Anwendung menschenrechtsbasierter Strategien zur Sicherung menschenwürdiger Lebensbedingungen für Migranten, ihre Familien und vulnerable Bevölkerungsgruppen im Allgemeinen. Bis jetzt liegt ein Schwerpunkt von politischen Aktivitäten vor allem darauf, das Problembewusstsein für die *Klimamigration* zu schärfen, die Kompetenzen und Fähigkeiten von Entscheidungsträgerinnen und -trägern, mit den entsprechenden Herausforderungen umzugehen, zu verbessern sowie auch die Wissensgrundlagen zu den Zusammenhängen zwischen Klimawandel und menschlicher Mobilität zu erweitern.

Die konkreten politischen Herausforderungen der Zukunft sind groß und vielfältig. Viele Menschen werden etwa Unterstützung bei der Umsiedlung benötigen. Nur wenige Regierungen sind bisher darauf vorbereitet. Vor allem die besonderen Gefährdungen und Bedürfnisse vulnerabler Bevölkerungsgruppen müssen stärker in den Fokus internationaler und nationaler Politik rücken, denn sie sind zum Teil extremen Risiken aufgrund der Folgen des Klimawandels ausgesetzt. Auf der einen Seite muss gerade die internationale Arbeitsmobilität stärker auf sie ausgerichtet werden. Einkünfte bzw. *Remittances* aus internationaler Mobilität, selbst in gering qualifizierten Berufen, haben das Potenzial, die Anpassung an den Klimawandel entscheidend zu beeinflussen. Dazu muss es aber auch einen erleichterten Zugang für gefährdete Bevölkerungsgruppen zu diesen Arbeitsmärkten geben. Generell sollten weltweit Freizügigkeitsabkommen weiter vorangetrieben werden, ebenso wie die Möglichkeiten etwa von humanitären Visa oder anderen humanitären Einreisemodellen. Auf der anderen Seite muss auch der Schutz von Menschen – und insbesondere Migrierenden und Geflüchteten – vor Ausbeutung dringend verbessert werden. Das positive Potential von Arbeitsmobilität für Klimaanpassung und nachhaltiger Entwicklung weltweit wird von ausbeuterischen Praktiken und generell schlechten Lebens- und Arbeitsbedingungen massiv gefährdet. Wenn es um die Bewältigung der großen Herausforderungen des Klimawandels und der menschlichen Mobilität für urbane Gebieten bzw. Zuzugsgebieten geht, gilt es, städtische oder kommunale Akteure besser in politische Entscheidungen auf nationaler, aber auch internationaler Ebene einzubinden und ihnen einen besseren Zugang zu finanziellen und technischen Ressourcen zu gewähren (vgl. Roderick et al. 2021). Und das sind nur einige Dinge, die in den nächsten Jahren und Jahrzehnten unbedingt in Bewegung gesetzt werden müssen.

Europa steht in einer besonderen Verantwortung, sich bei diesen Herausforderungen zu engagieren, denn es ist Teil des globalen Nordens. Dieser hat einen Großteil der weltweiten Treibhausgasemissionen seit dem späten 18. Jahrhundert ausgestoßen und so den menschengemachten Klimawandel zum größten Teil verursacht. Zudem hat der globale Norden durch Kolonialismus und eine vor allem die reichen Industrieländer begünstigenden globalen Wirtschaftsordnung maßgeblich dazu beigetragen, dass vor allem Menschen im globalen Süden durch Überschwemmungen, Dürren und andere Folgen des Klimawandels gefährdet sind. Zugleich wird auch der wissenschaftliche Diskurs zum Thema Klimawandel und menschliche Mobilität immer noch sehr stark von Institutionen bzw. Wissenschaftlerinnen und Wissenschaftlern des globalen Nordens bestimmt. Klimagerechtigkeit bzw. globale Gerechtigkeit sind gewichtige Argumente dafür, die Länder, Regionen und Gesellschaften des globalen Südens mehr zu unterstützen und – über Lippenbekenntnisse hinaus – zu einer tatsächlichen Zusammenarbeit auf Augenhöhe zu kommen. Aber es liegt auch im ureigensten Interesse Europas, dass Regionen in der europäischen Nachbarschaft bei der Bewältigung (nicht nur der mobilitätsbezogenen) Folgen des Klimawandels unterstützt werden. Denn der Klimawandel kann potenziell destabilisierend auf Länder und ganze Regionen wirken. Zwar führt der Klimawandel sicherlich nicht automatisch und überall zu mehr Konflikten und Krisen, aber das Risiko, dass dies vermehrt in mittel- oder unmittelbarer Nähe des alten Kontinents passiert, sollten die europäischen Entscheidungsträgerinnen und -träger nicht einfach unbedarft aussitzen.

Die EU und europäische Regierungen müssen sich darauf einstellen, dass der Klimawandel in zunehmendem Maße auch in Europa selbst Migration und Umsiedlungen verursachen wird. Dafür muss – wie in anderen Weltregionen auch – analysiert werden, welche Menschen in welchen Gebieten besonders gefährdet sind und wie man diesen Menschen, kurz-, mittel- und langfristig helfen muss. Dafür bedarf es eines tiefgreifenden Problembewusstseins, dass nicht nur in der Klimapolitik oder Migrationspolitik (weiter-)entwickelt werden muss, sondern auch in Bereichen wie Stadtplanung, Umweltpolitik oder Rechtspolitik – und das von der globalen Ebene bis zur Ebene der Kommunen.

Politik und Gesellschaft wären gut beraten, eine insgesamt rationale und besonnene Einstellung zum Thema Migration zu entwickeln. Dazu würde einerseits gehören, alarmistische Bedrohungsszenarien zu vermeiden. Andererseits wäre es auch nicht hilfreich, Migration als ein Allheilmittel für bestehende Probleme einer Gesellschaft zu betrachten. Zu diesen Problemen zählen in Deutschland und anderen Industrieländern nicht zuletzt die Herausforderungen, die eine immer älter werdenden Gesellschaft mit sich bringt wie Fachkräftemangel oder die unsichere Zukunft des Rentensystems. Auch für die Menschen, die sich auf den Weg machen (müssen), sind bessere wirtschaftliche Perspektiven, eine Unterstützung von Verwandten in den Herkunftsländern, Schutz vor Repression, Konflikten und Instabilität oder eben auch die Erwartung, weniger den Auswirkungen des Klimawandels ausgeliefert zu sein, keine Selbstläufer. Die Erfahrungen von Ausgrenzung oder die schmerzhafte Trennung von Familien oder Freunden machen Migrierende und Geflüchtete weltweit. Entscheidend ist für alle Beteiligten daher der Wille, Mobilität so zu gestalten, dass negative Aspekte minimiert und positive Aspekte gefördert werden. Dafür braucht es allerdings einen kühlen Kopf und die Bereitschaft Zuwanderung zu gestalten. In anderen Worten: Geld und Energie müssen aufgebracht werden, um Migrierende und Geflüchtete, in die Lage zu versetzen, ihr Potenzial optimal einzusetzen.

In diesem Zusammenhang müssen wir uns vergegenwärtigen, dass die Verbindungen zwischen Klimawandel und Migration nicht nur in die eine Richtung wirken. Denn es ist keineswegs nur so, dass die Auswirkungen der Erderwärmung Menschen dazu veranlasst, ihre Heimat zu verlassen oder generell Flucht- und Migrationsbewegungen beeinflussen. Umgekehrt kann Migration auch dazu beitragen, dass es mehr Klimaschutz gibt. Für den Umbau unserer Wirtschaftssysteme zu Klimaneutralität und Nachhaltigkeit bedarf es auch einer großen Anzahl von Fachkräften – im Energiesektor, der Gebäudewirtschaft oder in der Landwirtschaft. Auch für diese Herausforderung wird man in Deutschland und Europa nicht daran vorbeikommen, ein ganzes Stück weit auf Zuwanderung zu setzen. Die globale Herausforderung der Migration hat das Potenzial, bei der Bewältigung einer anderen – vielleicht viel größeren – globalen Herausforderung eine wichtige Rolle zu spielen. Es wäre falsch, dieses Potenzial nicht zu nutzen.

Glossar Klimawandel

Anpassung – Schritte und Maßnahmen, die ergriffen werden, um die aktuelle oder erwartete Anfälligkeit menschlicher, wirtschaftlicher und natürlicher Systeme gegenüber dem Klimawandel zu minimieren.

Bewältigung – Dies bezieht sich auf die Nutzung aller verfügbaren Ressourcen und Möglichkeiten, um die negativen Auswirkungen des Klimawandels kurz- bis mittelfristig zu bewältigen bzw. auszugleichen. Diese Bemühungen zielen hauptsächlich darauf ab, dass Menschen, Organisationen und Systeme kurz- bis mittelfristig weiter funktionieren.

Degradation – Direkte und indirekte Handlungen von Menschen, die zu einem langfristigen Verlust oder einer Verringerung des biologischen und ökologischen Werts von Land oder Wald führen. Dies kann auch eine Folge des Klimawandels sein oder zum Klimawandel beitragen.

Klimarisiken – Die Wahrscheinlichkeit, dass der Klimawandel nachteilige Auswirkungen auf Menschen und/oder ökologische Systeme hat. Diese negativen Auswirkungen können sich auf Lebensgrundlagen, Infrastruktur, Wirtschaft, Dienstleistungen, Vermögenswerte, Gesundheit oder Wohlbefinden beziehen.

Klimavariabilität – Abweichung von Mittelwerten in Klimastatistiken, die über einzelne Wetterereignisse hinausgehen. Diese Veränderungen können entweder auf interne Veränderungen im Wettersystem oder auf menschliche Faktoren zurückzuführen sein.

Klimawandel – Beobachtete und messbare langfristige Veränderungen im Mittelwert der Klimavariablen (Oberflächentemperatur der Erde, Niederschläge etc.). Solche Veränderungen, die sich über Jahrzehnte oder länger erstrecken, können das Ergebnis direkter oder indirekter Handlungen des Menschen sein oder auch bedingt sein durch natürliche Faktoren wie Vulkanausbrüche oder Veränderungen im periodischen Zyklus des Magnetfelds der Sonne.

Langsam eintretende oder schleichende Gefahren (*slow-onset hazards*) – Dies bezieht sich auf Ereignisse, die sich allmählich über viele Jahre hinweg aufbauen. Während dieses Zeitraums können die Schwere und die Häufigkeit des Auftretens auch langsam zunehmen. Beispiele für diese Gefahren sind der Anstieg des Meeresspiegels, die Versauerung der Ozeane, die Versalzung, die Wüstenbildung, der Verlust der biologischen Vielfalt, die Land- und Walddegradation, der Temperaturanstieg und der Gletscherrückgang sowie die damit verbundenen Auswirkungen.

Nachhaltigkeit – Nachhaltigkeit bezieht sich auf die Befriedigung gegenwärtiger Bedürfnisse ohne eine Beeinträchtigung künftiger Bedürfnisse in ökologischer, aber zum Beispiel auch sozialer oder wirtschaftlicher Hinsicht. In Bezug auf die Natur bedeutet dies, dass die Ökosysteme weiterhin funktionieren, die biologische Vielfalt erhalten bleibt und die natürlichen Ressourcen wiederverwertet werden. Dazu gehört auch, dass die Ressourcen gerecht und ausgewogen genutzt werden.

Ökosystem – Ein Ökosystem besteht aus lebenden und nicht lebenden Organismen, die als funktionale Einheiten interagieren. Sie existieren auf verschiedenen Ebenen, und einige Ökosysteme existieren innerhalb anderer. Während es klare Unterscheidungen zwischen Ökosystemen geben kann, können diese verschiedenen Systeme unscharf sein und die Grenzen zwischen ihnen können sich in einigen Fällen mit der Zeit verändern.

Ökosystemleistungen – Darunter versteht man entscheidende Funktionen und Prozesse für den Betrieb der Biosphäre, die das Leben/Überleben der menschlichen Gesellschaft ermöglichen. Dazu gehören die vier Komponenten Versorgungsleistungen (Nahrung), Regulierungsleistungen (Klimaregulierung oder Kohlenstoffbindung), unterstützende Leistungen (Produktion oder Erhaltung der biologischen Vielfalt) und kulturelle Leistungen (Tourismus oder Erholungswert).

Repräsentative Konzentrationspfade (*representative concentration pathway*) – Hierbei handelt es sich um verschiedene Szenarien für die Entwicklung der Konzentration von klimarelevanten Treibhausgasen in der Atmosphäre.

Resilienz – Resilienz bezieht sich auf die Fähigkeit miteinander verbundener sozialer, wirtschaftlicher und ökologischer Systeme, sich selbst zu reorganisieren oder auf Gefahren in einer Weise zu reagieren, die es ihnen ermöglicht, ihre Grundfunktionen zu erfüllen und gleichzeitig ihre Struktur zu bewahren.

Schnell einsetzende Gefahren (*rapid-onset hazards*) – Dies sind plötzliche meteorologische, hydrologische oder geologische Ereignisse mit potenziell sehr zerstörerischer Wirkung. Solche Ereignisse können sich innerhalb von Tagen oder Stunden ereignen und umfassen beispielsweise tropische Wirbelstürme, Taifune, Hurrikane, Tornados, Schneestürme, Küstenüberschwemmungen, Schlammlawinen, Erdbeben, Tsunamis und Vulkanausbrüche.

Treibhausgasemissionen – Natürliche und von Menschen erzeugte Gase in der Atmosphäre, die Infrarotstrahlung von der Erdoberfläche, der Atmosphäre und den Wolken absorbieren und emittieren, wodurch Wärme in der Atmosphäre gebunden wird. Zu diesen natürlichen Gasen gehören Wasserdampf, Kohlendioxid, Methan und Distickstoffoxid, während zu den vom Menschen erzeugten Gasen Fluorchlorkohlenwasserstoffe, Schwefelhexafluorid, teilhalogenierte Fluorkohlenwasserstoffe und perfluorierte Kohlenwasserstoffe gehören. Zu den anthropogenen – also von Menschen verursachten

– Quellen von Treibhausgasemissionen gehören Industrialisierung, landwirtschaftliche Aktivitäten, Entwaldung und die Verbrennung von fossilen Brennstoffen.

Vulnerabilität – Dies beschreibt den Grad der Anfälligkeit eines Systems gegenüber den negativen Auswirkungen des Klimawandels. Sie ist das Produkt aus der Anpassungsfähigkeit eines Systems und seiner Fähigkeit, mit den negativen Auswirkungen des Klimawandels fertig zu werden. Es gibt zwei Komponenten der Anfälligkeit, die soziale Anfälligkeit und die biophysikalische Anfälligkeit.

Glossar Migration

Arbeitsmigration – Die Bewegung von Personen von einem Staat in einen anderen, oder innerhalb ihres eigenen Wohnsitzlandes, zum Zweck der Beschäftigung.

Asyl – Eine Form von Schutz, den ein Staat – basierend auf international oder national anerkannten Flüchtlingsrechten – einer Person gewährt, die in ihrem Herkunfts- und/oder Wohnsitzland keinen Schutz suchen kann.

Asylsuchender – Ein Asylsuchender ist eine Person, die internationalen Schutz sucht. In Ländern mit individualisierten Verfahren ist ein Asylbewerber jemand, über dessen Anspruch noch nicht rechtskräftig von dem Land entschieden wurde, in dem er oder sie den Anspruch eingereicht hat. Nicht jeder Asylsuchende wird letztlich als Flüchtling anerkannt, aber jeder anerkannte Flüchtling ist zunächst ein Asylsuchender.

Binnenmigrant – Jede Person, die innerhalb eines Staates mit der Absicht, einen neuen temporären oder permanenten Wohnsitz zu errichten, oder aufgrund von Vertreibung, umzieht oder umgezogen ist.

Binnenvertriebene (*internally displaced persons*) – Dies bezieht sich auf die Bewegung von Personen, die dazu gezwungen oder genötigt wurden, von ihrem Zuhause oder ihrem gewöhnlichen Aufenthaltsort zu fliehen oder diesen verlassen mussten, insbesondere als Resultat oder zur Vermeidung der Folgen bewaffneter Konflikte,

Situationen allgemeiner Gewalt, Menschenrechtsverletzungen oder aufgrund von Katastrophen, und die keine international anerkannte Staatsgrenze überschritten haben.

Erzwungene Migration – Eine Migrationsbewegung, bei der die Treiber, obwohl möglicherweise von diverser Natur, Formen von Gewalt, Zwang oder Nötigung beinhalten.

Flüchtling – Eine Person, die aus der begründeten Furcht vor Verfolgung wegen ihrer Rasse, Religion, Nationalität, Zugehörigkeit zu einer bestimmten sozialen Gruppe oder wegen ihrer politischen Überzeugung sich außerhalb des Landes befindet, dessen Staatsangehörigkeit sie besitzt, und den Schutz dieses Landes nicht in Anspruch nehmen kann oder wegen dieser Befürchtungen nicht in Anspruch nehmen will; oder die sich als staatenlose Person infolge solcher Ereignisse außerhalb des Landes befindet, in welchem sie ihren gewöhnlichen Aufenthalt hatte, und nicht dorthin zurückkehren kann oder wegen der erwähnten Befürchtungen nicht dorthin zurückkehren will.

Internationale/r Migrant/in – Jede Person, die sich außerhalb des Staates befindet, in dem sie oder er Staatsbürger oder Staatsangehöriger ist, oder im Fall einer staatenlosen Person, ihrem oder seinem Staat der Geburt oder des Wohnsitzes. Der Begriff umfasst Migranten, die beabsichtigen, dauerhaft oder vorübergehend umzuziehen, und diejenigen, welche in einer regelmäßigen oder dokumentierten Art umziehen, sowie Migranten in irregulären Umständen.

Irreguläre Migration – Die Bewegung von Personen, die außerhalb der Gesetze, Vorschriften oder internationalen Abkommen abläuft, welche die Ein- oder Ausreise in den Herkunfts-, Transit- oder Aufnahmestaat regeln.

Menschliche Mobilität – Dies ist ein Oberbegriff, der unfreiwillige landesinterne sowie grenzüberschreitende Vertreibung, freiwillige landesinterne und grenzüberschreitende Migration sowie geplante Umsiedlung umfasst.

Migrant/in – Dies ist ein völkerrechtlich nicht definierter Oberbegriff, welcher das allgemeine Laienverständnis von einer Person widerspiegelt, die von ihrem oder seinem gewöhnlichen Aufenthaltsort wegzieht, ob innerhalb eines Landes oder über eine internationale Grenze hinweg, vorübergehend oder dauerhaft, und aus verschiedenen Gründen. Der Begriff umfasst eine Reihe klar definierter rechtlicher Kategorien von Personen, wie zum Beispiel Gastarbeiter; Personen, deren bestimmte Arten von Bewegungen rechtlich definiert sind, wie geschmuggelte Migranten; sowie jene, deren Status oder Fortbewegungsmittel nach internationalem Recht nicht spezifisch definiert sind, wie zum Beispiel internationale Studierende.

Migration – Die Bewegung von Personen weg von ihrem gewöhnlichen Wohnsitz, entweder über eine internationale Grenze hinweg oder innerhalb eines Staates.

Remittances – Die auch als Rücküberweisungen oder Remisen bezeichneten *Remittances* sind Transfers von Migrantinnen und Migranten an Verwandte im Herkunftsland. Neben finanziellen gibt es auch soziale Rücküberweisungen, welche von Migrantinnen und Migranten gesammelte Informationen, Werte, Ansichten, erworbenes Wissen oder auch Qualifikationen umfassen, welche in die Herkunftsgesellschaften vermittelt bzw. transferiert werden.

Saisonale Migration – Dies bezieht sich auf die Wanderung eines Arbeitsmigranten oder -migrantin, deren oder dessen Arbeit oder Arbeitsmigration in ihrem Charakter von saisonalen bzw. jahreszeitlichen Bedingungen abhängig ist und die nur in einem Teil des Jahres durchgeführt wird.

Vertreibung – Die Bewegung von Personen, die dazu gezwungen oder genötigt wurden von ihrem Zuhause oder ihrem gewöhnlichen Aufenthaltsort zu fliehen oder diesen verlassen mussten, insbesondere als Resultat oder zur Vermeidung der Folgen bewaffneter Konflikte, Situationen allgemeiner Gewalt, Menschenrechtsverletzungen oder aufgrund natürlicher oder menschengemachter Katastrophen.

Zirkuläre Migration – Dies ist eine Form der Migration, bei der Menschen wiederholt zwischen zwei oder mehr Ländern oder – da dies auch landesintern passiert – Orten hin- und herziehen.

Literatur

Abel, Guy et al. (2019): »Climate, conflict and forced migration«, in: Global Environmental Change 54, S. 239–249.

Abel, Guy/Sander, Nikola (2014): »Quantifying Global International Migration Flows«, in: Science 343(6178), S. 1520–1522.

Adams, Helen (2016): »Why populations persist: mobility, place attachment and climate change«, in: Population and Environment 37(4), S. 429–448.

Adams, Helen/Kay, Susan (2019): »Migration as a human affair: Integrating individual stress thresholds into quantitative models of climate migration«, in: Environmental Science & Policy 93, S. 129–138.

Adimassu, Zenebe et al. (2014): »Farmers strategies to perceived trends of rainfall and crop productivity in the Central Rift Valley of Ethiopia«, in: Environmental Development 11, S. 123–140.

Afifi, Tamer (2010): »The environmental root causes triggering economic migration: The case of Egypt«, in: Tamer Afifi/Jill Jäger (Hg.), Environment, forced migration and social vulnerability, Berlin u.a.: Springer, S. 197–209.

Afifi, Tamer et al. (2012): Climate Change, vulnerability and human mobility: Perspectives of refugees from East and Horn of Africa. UNU-EHS Report No. 1. Partnership between UNU and UNHCR, Bonn: United Nations University Institute for Environment and Human Security (UNU-EHS).

Aleinikoff, Alexander/Susan Martin (2022): The responsibility of the international community in situations of mobility due to environmental events, New York: Zolberg Institute on Migration and Mobility.

Angenendt, S./Koch, A (2017): Global Migration Governance im Zeitalter gemischter Wanderungen: Folgerungen für eine entwicklungsorientierte Migrationspolitik, Berlin: Stiftung Wissenschaft und Politik (SWP).

Angenendt, Steffen et al. (2017): Mixed migration – Challenges and options for the ongoing project of German and European asylum and migration policy, Gütersloh: Bertelsmann-Stiftung.

Ayeb-Karlsson, Sonja (2020): »When the disaster strikes: Gendered (im) mobility in Bangladesh«, in: Climate Risk Management 29, 100237.

Ayeb-Karlsson, Sonja et al. (2022): »Who is the climate-induced trapped figure?«, in: Wiley Interdisciplinary Reviews: Climate Change 803.

Becker, Gary S. (1964): Human capital: a theoretical and empirical analysis with special reference to education, New York: NBER.

Bencek, David/Schneiderheinze, Claas (2020): »Higher economic growth in poor countries, lower migration flows to the OECD: Revisiting the migration hump with panel data«, in: Kiel Working Paper No. 2145.

Bendell, Jem (2018): »Deep Adaptation (Tiefenanpassung): Ein Wegweiser, um uns durch die Klimakatastrophe zu führen«, in: Initiative for Leadership and Sustainability Occasional Papers 2.

Bendell, Jem (2018): Deep adaptation: A map for navigating climate tragedy, https://www.lifeworth.com/deepadaptation.pdf (22.08.2022).

Bewkett, Woldeamlak (2009): »Rainfall variability and crop production in Ethiopia Case Study in the Amhara Region«, in: Proceedings of the 16th International Conference of Ethiopian Studies.

Billi, Paolo et al. (2015): »Increased frequency of flash floods in Dire Dawa, Ethiopia: Change in rainfall intensity or human impact?«, in: Natural Hazards 76, S. 1373–1394.

Birchler, Kassandra/Michaelowa, Katharina (2016): »Making aid work for education in developing countries: An analysis of aid effectiveness for primary education coverage and quality«, in: International Journal of Educational Development 48, S. 37–52.

Black, Richard et al. (2011): Foresight: migration and global environmental change – Final project report, London: The Government Office for Science.

Bodansky, Daniel (2001): »The history of the global climate change regime«, in: International relations and global climate change 23, S. 505.

Bodansky, Daniel/Brunnée, Jutta/Rajamani, Lavanya (2017): International climate change law, Oxford: Oxford University Press.

Brooks, Nick (2004): »Drought in the African Sahel: Long term perspectives and future prospects«, in: Tyndell Centre Working Paper, 61.

Brown, Oli/Crawford, Alec (2008): »Climate change: A new threat to stability in West Africa? Evidence from Ghana and Burkina Faso«, in: African Security Review 17, S. 39–57.

Brzoska, Michael/Fröhlich, Christiane (2016): »Climate change, migration and violent conflict: Vulnerabilities, pathways and adaptation strategies«, in: Migration and Development 5(2), S. 190–210.

Bundesministerium für Wirtschaft und Klimaschutz (2023): Abkommen von Paris, https://www.bmwk.de/Redaktion/DE/Artikel/Industrie/klimaschutz-abkommen-von-paris.html (10.03.2023).

Cabot, Charlene (2017): »Climate change and farmer-herder conflicts in West Africa«, in: Charlene Cabot (Hg.), Climate change, security risks and conflict reduction, Berlin u.a.: Springer, S. 11–44.

Castles, Stephen (2002): Environmental change and forced migration: Making sense of the debate. Genf: UNHCR.

Cattaneo, Cristina et al. (2019): »Human migration in the era of climate change«, in Review of Environmental Economics and Policy 13(2), S. 189–206.

Chimdesa, Gadisa (2016): »Climate change impacts and adaptation actions in Central Rift Valley of Ethiopia«, in: Journal of Natural Sciences Research 6(3).

Clemens, Michael (2014): »Chapter 6: Does development reduce migration?«, in: Lucas, Robert (Hg.), International Handbook on Migration and Economic Development, Cheltenham: Edward Elgar Publishing, S. 152–185.

Clement, Viviane et al. (2021): Groundswell part 2: Acting on internal climate migration, Washington: Weltbank.

Collier, Paul et al. (2008): »Climate change in Africa«, in: Oxford Review of Economic Policy 24(2), S. 337–353.

Committee on the Elimination of Discrimination Against Women (CEDAW) (2018). General recommendation No. 37 on the gender-related dimensions of disaster risk reduction in the context of climate change. CEDAW/C/GC/37, Geneva: CEDAW.

Committee on the Rights of the Child (CRC) (2021): Decision adopted by the Committee on the Rights of the Child under the Optional Protocol to the Convention on the Rights of the Child on a communications procedure in respect of Communication No. 104/2019. CRC/C/88/D/104/2019. Geneva: CRC.

Conway, Declan/Schipper, Lisa (2011): »Adaptation to climate change in Africa: Challenges and opportunities identified from Ethiopia«, in: Global Environmental Change 21(1), S. 227–237.

Cournil, Christel (2017): »The inadequacy of international refugee law in response to environmental migration«, in: Benoît Mayer/François Crépeau (Hg.), Research handbook on climate change, migration and the law, Cheltenham: Edward Elgar Publishing, S. 85–107.

Crippa Monica et al. (2022): CO_2 emissions of all world countries – 2022 Report, Luxemburg: Publications Office of the European Union.

Cullen, Miriam (2020):: »Disaster, Displacement and international law: Legal protections in the context of a changing climate«, in: Politics and Governance, 8(4), S. 270–280.

Dähn, Astrid (2022): »Der Weltuntergang naht – oder vielleicht auch nicht«, in: Klimareporter (25.02.2022), https://www.klimarepor ter.de/gesellschaft/der-weltuntergang-naht-oder-vielleicht-au ch-nicht (22.10.2022).

Dai, Aiguo et al. (2004): »Comment: The recent Sahel drought is real«, in: International Journal of Climatology 24, S. 1323–1331.

Dasgupta, Susmita et al. (2011): »Exposure of developing countries to sea-level rise and storm surges«, in: Climatic Change 106, S. 567–579.

Davenport, Christian et al. (2003): »Sometimes you just have to leave: Domestic threats and forced migration, 1964–1989«, in: International Interactions 29, S. 27–55.

Deep Adaptation Forum (2023)de Haas, Hein (2007): Remittances, migration and social development – A conceptual review of the literature, Genf: Forschungsinstitut der Vereinten Nationen für soziale Entwicklung.

Dick, Eva/Schraven, Benjamin (2019): »Afrika auf dem Weg nach Schengen?«, in: Diplomatisches Magazin 4, S. 34 – 37.

Doucouliagos, Hristos/Paldam, Marin (2008): »Aid effectiveness on growth. A meta study«, in: European Journal of Political Economy 24(1), S. 1–24.

Egeru, Anthony (2015): »›Mental drought‹ afflicts Uganda's cattle corridor«, In: MITI January-March, S. 34–37.

El-Hinnawi, Essem (1985) : Environmental refugees, Nairobi : UNEP.

Ellis, Frank (2000): Rural livelihoods and diversity in developing countries, Oxford: Oxford University Press.

Engel, Stefanie/Ibanez, Ana Maria (2007): »Displacement due to violence in Colombia: a household-level analysis«, in: Economic Development and Cultural Change 55, S. 335–365.

Erena, Sitotaw Haile/Worku, Hailu (2018): »Flood risk analysis: causes and landscape based mitigation strategies in Dire Dawa city, Ethiopia«, in: Geoenvironmental Disasters, 5(16), S. 1–19.

Europäische Kommission (2022): Addressing displacement and migration related to disasters, climate change and environmental degradation, Brüssel: Europäische Kommission.

Fagotto, Matteo (2016): West Africa is being swallowed by the sea, https://foreignpolicy.com/2016/10/21/west-africa-is-being-swallowed-by-the-sea-climate-change-ghana-benin.

Famine Early Warning Systems Network (FEWS NET) (2017): Prolonged drought drives a food security Emergency in Somalia and southeastern Ethiopia, http://fews.net/sites/default/files/documents/reports/EA_Alert_06_2017_final.pdf (05.06.2022).

FAO (2018): Resilience analysis in Karamoja, Uganda report, http://www.fao.org/3/i8365en/I8365EN.pdf (06.10.2022).

Farena, Maritza (2012) : Direitos humanos dos migrantes : Ordem jurídica internacional e brasileira, Curitiba : Juruá.

Findley, Sally E. (1994): »Does drought increase migration? A study of migration from rural Mali during the 1983–1985 drought«, in: International Migration Review 28(3), S. 539–553.

Fuster, Thomas (2019): Warum sich mit Entwicklungshilfe das Migrationsproblem nicht lösen lässt, https://www.nzz.ch/wirtschaft/mit-entwicklungshilfe-laesst-sich-das-migrationsproblem-nicht-loesen-ld.1451697 (10.10.2022).

Gautier, Denis et al. (2016): »Impacts of drought and responses of rural populations in West Africa: A systematic review«, in: Wiley Interdisciplinary Reviews: Climate Change 7(5), S. 666–681.

Gemenne, François/Blocher, Julia (2017): »How can migration serve adaptation to climate change? Challenges to fleshing out a policy idea«, in: The Geohgraphical Journal 183(4), S. 336–347.

Giannini, Alessandra et al. (2008): »A global perspective on African climate«, in: Climate Change 90, S. 359–383.

Global Facility for Disaster Reduction and Recovery (GFDRR) (2011): Vulnerability, risk reduction, and adaptation to climate change: Mozambique. https://www.gfdrr.org/en/publication/climate-risk-and-adaptation-country-profile-mozambique (20.09.2022).

Gray, Clark/Mueller, Valerie (2012): »Drought and population mobility in rural Ethiopia«, in: World Development, 40(1), S. 134–145.

Guadagno, Lorenzo (2016): »Human mobility in the Sendai Framework for Disaster Risk Reduction«, in: International Journal of Disaster Risk Science 7, S. 30–40.

Göll, Edgar (2017): »Future Challenges of Climate Change in the MENA Region«, in: Future Notes 7.

Haile, Alemseged Tamiru et al. (2013): »Loss and damage from flooding in the Gambela region, Ethiopia«, in: International Journal Global Warming, 5(4), S. 483–497.

Hameso, Seyoum (2018): »Farmers and policy-makers' perceptions of climate change in Ethiopia«, in: Climate and Development 10(4), S. 347–359.

Hammer, Thomas (2004): »Desertification and migration: A political ecology of environmental migration in West Africa«, in: Jon D. Unruh/Maarten S. Krol/Nurit Kliot (Hg.), Environmental change and its implications for population migration, Dordrecht, S. 231–247.

Harris, John/Todaro, Michael (1970): »Migration, unemployment & development: A two sector analysis«, in: American Economic Review 60, S. 126–142.

Haug, Irun Vilhelmsen (2014): »Leaving drought and hunger behind: out-migration from Karamoja, Uganda«, in: François Gemenne/Pauline Brücker/Dina Ionesco (Hg.), State of environmental migration 2014 – A review of 2013, Paris: Science Po, S. 101–118.

Hausfather, Zeke/Peters, Glen (2020): »Emissions – the ›business as usual‹ story is misleading«, in: Nature 677, S. 618–620.

Henry, Sabine et al. (2004): »The Impact of rainfall on the first out-migration: A multi-level event-history analysis in Burkina Faso«, in: Population and Environment 25(5), S. 423–460.

Herrero, Mario et al. (2010): Climate variability and climate change and their impacts on Kenya's agricultural sector, Nairobi: ILRI.

Hillmann, Felicitas/Ziegelmayer, Usha (2016): »Environmental change and migration in coastal regions: examples from Ghana and Indonesia«, in: Die Erde 147(2), S. 119–138.

Hoffmann, Roman et al. (2021): »A meta-analysis of country-level studies on environmental change and migration«, in: Nature Climate Change 10, S. 904–912.

Hohler, Franz (1974): Wegwerfgeschichten, Gümlingen: Zytglogge Verlag.

Huckstep, Samuel/Clement, Michael (2023): Climate change and migration: An omnibus overview for policymakers and development practitioners, Washington: Center for Global Development.

Huckstep, Samuel/Ginn, Thomas (2023): »A Look Back at Climate Migration Policy in 2022«, https://www.cgdev.org/blog/look-back-climate-migration-policy-2022 (10.03.2023).

Huho, Julius/Mugalavai, Edward (2010): »The effects of droughts on food security in Kenya«, in: The International Journal of Climate Change: Impacts and Responses 2(2), S. 61–72.

Human Rights Committee (2020): Views adopted by the Committee under article 5 (4) of the Optional Protocol, concerning communication No. 2728/2016. CCPR/C/127/D/2728/2016, https://www.refworld.org/ cases,HRC,5ff49f154.html (01.03.2023).

Human Rights Council (2009): Report of the Office of the United Nations High Commissioner for Human Rights on the relationship between climate change and human rights. A/HRC/10/61. New York: Generalversamlung der Vereinten Nationen.

Human Rights Council (2018): Addressing human rights protection gaps in the context of migration and displacement of persons across international borders resulting from the adverse effects of climate change and supporting the adaptation and mitigation plans of developing countries to bridge the protection gaps. A/HRC/38/21. United Nations: Generalversamlung der Vereinten Nationen.

Hummel, Diana (2016): »Climate change, land degradation and migration in Mali and Senegal – Some policy implications«, in: Migration and Development 5(2), S. 211–233.

Hunnes, Danna (2012): »Understanding rural-to-urban migration in Ethiopia: Driving factors, analytical frameworks, and recommendations«, in: Journal of Global Health Perspectives 1, S. 1–10.

IDMC (2017): Global Report on Internal Displacement 2017, Geneva: IDMC.

IDMC (2019): Global Report on Internal Displacement 2019, Geneva: IDMC.

IDMC (2022): Global Report on Internal Displacement 2022, Geneva: IDMC.

IEP (2020): Ecological thread register 2020, http://visionofhumanity.org/reports (22.05.2022).

International Organization for Migration Global Migration Data Analysis Center (IOM-GMDAC) (2022): Migrationsdatenportal, https://www.migrationdataportal.org/de/themes/bestand-internationalen-migrantinnen-und-migranten (10.08.2022).

Internationale Energieagentur (IEA) (2023): Energy transitions in the producer economies of the Middle East and North Africa, https://www.iea.org/programmes/energy-transitions-in-the-mena-region (10.03.2023).

IOM (2017): East and Horn of Africa drought appeal, Nairobi: IOM.

IOM (2019)

IOM (2020): Institutional Strategy on migration, environment and climate change 2021–2030, Genf: IOM.

IOM (2023): East and Horn of Africa drought response, https://www.iom.int/sitreps/east-and-horn-africa-drought-drought-response-1-31-january-2023 (15.02.2023).
IOM/Sekretariat zum Übereinkommen der Vereinten Nationen zur Bekämpfung der Wüstenbildung (UNCDD) (2019):: Addressing the land degradation – migration nexus: The role of the United Nations convention to combat desertification, Genf: IOM.
IOM/UNCCD (2019): Addressing the land degradation – migration nexus: The role of the United Nations convention to combat desertification, Genf: IOM.IOM (2018)
IPCC (2022): Climate change 2022. Impacts, adaptation and vulnerability. Summay for policy makers, IPCC: Genf.
Jacobsen, Jodi L. (1988): »Environmental refugees: A yardstick of habitability«, in: Bulletin of Science, Technology and Society 8(3), S. 257–258.
Joseph, George et al. (2014): »Do Remittances Reach Households Living in Unfavorable Climate Areas? Evidence from the Republic of Yemen«, in: Quentin Wodon/Andrea Liverani/George Joseph/Nathaie Bougnoux (Hg.), Climate change and migration: Evidence from the Middle East and North Africa, Washington: Weltbank, S. 223–239.
Kaczan David J./Orgill-Meyer, Jennifer (2020): »The impact of climate change on migration: a synthesis of recent empirical insights«, in: Climatic Change 158(3), S. 281–300.
Kassie, Belay Tseganeh et al. (2013): »Adapting to climate variability and change: Experiences from cereal-based farming in the Central Rift and Kobo Valleys, Ethiopia«, in: Environmental Management 52, S. 1115–1131.
Kienholz, Eva (2021): Den Kollaps aufhalten, https://www.freitag.de/autoren/eva-kienholz/den-kollaps-aufhalten-1 (07.01.20222).
Klepp, Silja (2017): Climate change and migration, https://doi.org/10.1093/acrefore/9780190228620.013.42 (30.09.2022).
Knight, Sam (2009): The human tsunami, https://www.ft.com/content/bb6b0efc-5ad9-11de-8c14-00144feabdc0 (01.10.2022).
Koubi, Vally (2019): »Climate change and conflict«, in: Annual Review of Political Science 22, S. 343–360.

Ladurner, Ulrich (2018): Klimapass? Eine verrückte Idee, https://www.zeit.de/wirtschaft/2018-11/klimapass-klimaschutz-co2-produktion-erderwaermung-treibhausgase?page=21 (05.03.2023).

Lakeman, Silvana (2022): Environmental and disaster displacement policy – Organisational cooperation between the UN High Commissioner for Refugees and the International Organisation for Migration, Basingstoke: Palgrave Macmillan.

Lama, Phudoma et al. (2021): »Gendered dimensions of migration in relation to climate change«, in: Climate and Development 13(4), S. 326–336.

Lanati, Mauro/Thiele, Rainer (2018): »The impact of foreign aid on migration revisited«, in: World Development 111(C), S. 59–74.

Lee, Everett S. (1966): »A theory of migration«, in: Demography 47, S. 49–56.

Lynas, Mark et al. (2021): »Greater than 99 % consensus on human caused climate change in the peer-reviewed scientific literature«, in: Environmental Research Letters 16, S. 1–8.

Maru, Mehari T. (2017):: »A Regional Power in the Making: Ethiopian Diplomacy in the Horn of Africa«, in: SAIIA Occasional Paper 261.

Massey, Douglas S. et al. (1993): »Theories of international migration: A review and appraisal«, in: Population and Development Review 19(3), S. 431–466.

Matias, Denise M. (2020): »Climate humanitarian visa: International migration opportunities as post-disaster humanitarian intervention«, in: Climatic Change 160, S. 143–156.

Mattos, Ana C/Mont'Alverne, Tarin C. (2016). O regime internacional do clima e a proteção aos refugiados climáticos: quais desafios da COP 21? Revista de Direito Internacional, 13(2), S. 52–77.

Mayer, Benoit (2016):: The concept of climate migration: Advocacy and its prospects. Cheltenham: Edward Elgar Publishing Limited.

McAdam, Jane (2012): Climate change, forced migration, and international law. Oxford: Oxford University Press.

McAdam, Jane (2016): »From the Nansen Initiative to the Platform on Disaster Displacement: Shaping international approaches to climate change, disasters and displacement«, in: University of New South Wales Law Journal 39(4), S. 1518–1546.

McInerney, Emily et al. (2022): »Migration as a climate change strategy: Challenges and opportunities for USAID programming, Washington: United States Agency for International Development (USAID).

McLeman, Robert/Gemenne, Francois (2018): »Environmental migration research: Evolution and current state of the science«, in: Robert McLeman/Francois Gemenne (Hg.), Routledge handbook of environmental displacement and migration, London u.a.: Routledge, S. 3–16.

Meze-Hausken, Elisabeth (2004): »Contrasting climate variability and meteorological drought with perceived drought and climate change in Northern Ethiopia«, in: Climate Research 27(1), S. 19–31.

Migali, Silvia/Scipioni, Marco (2019): »Who's about to leave? A global survey of aspirations and intentions to migrate«, in: International Migration 57(5), S. 181–200.

Milner, James/Loescher, Gil (2011): »Responding to protracted refugee situations. Lessons from a decade of discussion, Oxford: University of Oxford Refugee Studies Centre.

Mincer, Jacob (1974): Schooling, experience and earnings. New York: NBER.

Mokhnacheva, Daria (2022): Baseline mapping of the implementation of commitments related to addressing human mobility challenges in the context of disasters, climate change and environmental degradation under the Global Compact for Safe, Orderly and Regular Migration (GCM). Geneva: PDD.

Mwiturubani, Donald A. (2010): Climate change and access to water resources in the Lake Victoria basin, Pretoria: Institute for Security Studies.

Myers (2002)Nash, Sarah L. (2020): »Disrupting the knowledge-power politics of human mobility in the context of climate change. questioning established categories«, in: Michael Brzoska/Jürgen Scheffran (Hg.): Climate change, security risks, and violent conflicts – Essays from integrated climate research in Hamburg, Hamburg: Hamburg University Press, S. 195–207.

Myers, Norman (1997): »Environmental refugees«, in: Population and Environment 19(2), S. 167–182.

Nguimalet, Cyriaque-Rufin (2018): »Comparison of community-based adaptation strategies for droughts and floods in Kenya and the Central African Republic«, in: Water International, 43(2), S. 183–204.

Nicholson, Sharon E. (2000): »The nature of rainfall variability over Africa on timescales of decades to millennia«, in: Global and Planetary Change 26(1-3), S. 137–158.

Nicholson, Sharon E. (2005): »On the question of the ›recovery‹ of the rains in the West African Sahel«, in: Journal of Arid Environments Volume 63(3), S. 615–641.

Nielsen, Jonas Ø./Reenberg, Anette (2010): »Cultural barriers to climate change adaptation: A case study from Northern Burkina Faso«, in: Global Environmental Change, 20(1), S. 142–152.

Nin-Pratt, Alejandro et al. (2018): Agriculture and economic transformation in the Middle East and North Africa: A review of the past with lessons for the future. Washington: International Food Policy Research Institute.

Nka, Bernadette N. et al. (2015): »Trends in floods in West Africa: Analysis based on 11 catchments in the region«, in: Hydrology and Earth System Sciences 19(11), S. 4707–4919.

Ntajal, Joshua et al. (2016): »Flood Vulnerability Mapping in the Lower Mono River Basin in Togo, West Africa«, in: International Journal of Scientific & Engineering Research 7(10), S. 1553–1563.

Nyaoro, Dulo et al. (2016): Assessing the evidence: Migration, environment and climate change in Kenya, Genf: IOM.

OAS (1984): Cartagena Declaration on Refugees – Colloquium on the international protection of refugees in Central America, Mexico and Panama, Washington: OAS.

OAU (1969): Convention governing the specific aspects of refugee problems in Africa, Addis Abeba: OAU..

OCHA (2004): Guiding principles on internal displacement, New York: OCHA..

OECD/FAO (2018): OECD-FAO agricultural outlook 2018–2027, Paris/Rom: OECD/FAO.

OHCHR (2007): The human rights impact of climate change. New York: OHCHR.

Okeke, Okechukwu E. (2014): »Conflicts between Fulani Herders and Farmers in Central and Southern Nigeria: Discourse on Proposed Establishment of Grazing Routes and Reserves«, in: AFRREV International Journal of Arts and Humanities 3(1), S. 66–84.

Owusu, Mensah/Nursey-Bray, Melissa (2019): »Socio-economic and institutional drivers of vulnerability to climate change in urban slums: the case of Accra, Ghana«, in: Climate and Development 11(8), S. 687–698.

Pallinger, Jacob (2021): »Klimawandel«, »Klimakrise«, »Klimakatastrophe«: Wie es heißen sollte, https://www.derstandard.de/story/2000126601766/klimawandel-klimakrise-klimakatastrophe-wie-es-heissen-sollte (09.10.2022).

Parry, Jo-Ellen et al. (2012): Climate risks, vulnerability and governance in Kenya: A review, Winnipeg: International Institute for Sustainable Development.

PDD (2021): Platform on Disaster Displacement (PDD) Strategy 2019–2022 Annex I: Workplan. https://disasterdisplacement.org/wp-content/uploads/2021/07/20052021-Annex-I-Revised-PDD-Workplan-2019-2022-FINAL.pdf (10.12.2023).

Pearson, Nakia/Niaufre, Camille (2013): »Desertification and drought related migrations in the Sahel: The cases of Mali and Burkina Faso«, in: IDDR The State of the Environment 9, S. 79–98.

Penning-Rowsell, Edmund C. et al. (2013): »The ›last resort‹? Population movement in response to climate-related hazards in Bangladesh«, in: Environmental science & policy 27(1), S. 44–59.

Philip, L. Martin/Taylor, J. Edward (1996): »The anatomy of a migration hump«, in: Edward J. Taylor (Hg.), Development strategy, employment and migration. Insights from models, Paris: OECD, S. 43–62.

Piguet, Etienne (2010): »Linking climate change, environmental degradation, and migration: a methodological overview«, in: Wiley Interdisciplinary Reviews: Climate Change 1(4), S. 517–524.

Piguet, Etienne (2013): »From ‚primitive migration' to ‚climate refugees': The curious fate of the natural environment in migration studies«, in: Annals of the Association of American Geographers 103(1), S. 148–162.

Piguet, Etienne et al. (2018): »The uneven geography of research on »environmental migration«, in: Population and Environment 39(2), S. 357–383.

Piovesan (2001)Porter, Eduardo/Karl Russell (2018): Migrants Are on the Rise Around the World, and Myths About Them Are Shaping Attitudes, https://www.nytimes.com/interactive/2018/06/20/business/economy/immigration-economic-impact.html (02.01.2023).

Prasuhn, Hannah (2022): Die Hitzewelle in Indien könnte tausende Menschen töten, https://www.tagesspiegel.de/gesellschaft/panorama/klimaforscher-warnen-die-hitzewelle-in-indien-koennte-tausende-menschen-oeten/28343894.html (15.01.2023).

Preuß, Olaf (2017): Wie soll Europa erst mit 200 Millionen Klimaflüchtlingen aus Afrika umgehen? https://www.welt.de/regionales/hamburg/article169622057/Wie-soll-Europa-erst-mit-200-Millionen-Klima-fluechtlingen-aus-Afrika-umgehen.html (28.12.2022).

Přívara, Andrej/Přívarová, Magdaléna (2019): »Nexus between climate change, displacement and conflict: Afghanistan case«, in: Sustainability 11(20), S. 1–19.

Rademacher-Schulz, Christina et al. (2014): »Time matters: Shifting seasonal migration in Northern Ghana in response to rainfall variability and food insecurity«, in: Climate and Development 6(1), S. 46–52.

Rain, David et al. (2011): Accra Ghana: A city vulnerable to flooding and drought-induced migration, Washington: George Washington University.

Raleigh, Clionadh/Kniveton, Dominic (2012): »Come rain or shine: An analysis of conflict and climate variability in East Africa«, in: Journal of peace research 49(1), S. 51–64.

Ravenstein, Ernst G. (1889): »The laws of migration«, in: Journal of the Royal Statistical Society 52, S. 241–310.

Rayfuse, Rosemary/Shirley V. Scott (Hg.) (2012): International law in the era of climate change. Cheltenham: Edward Elgar Publishing.

Reuter, Ricarda (2014): Intensifying crises in fishing communities at Lake Victoria Uganda: A case study on the impact of capitalist rationales on marginalized groups of society, Lund: Lund University.

Reuveny, Rafael/Moore, Will H. (2009): »Does environmental degradation influence migration? Emigration to developed countries in the late 1980s and 1990s«, in: Social Science Quarterly 90(3), S. 461–479.

Rigaud, Kanta Kumari et al. (2018): Groundswell: Preparing for internal climate migration. Washington: Weltbank.

Robison, Rosie/Ruth Findlay Brooks (2010): West Africa: the climate of change – Climate change impacts, awareness and preparedness across West Africa, Cambridge: University of Cambridge.

Roderick, William et al. (2021): Cities, climate and migration: The role of cities at the climate-migration nexus. New York: C40/Mayors Migration Council.

Roudier, Philippe et al. (2011): »The impact of future climate change on West African crop yields: What does the recent literature say?«, in: Global Environmental Change 21(3), S. 1073–1083.

Rowell, David et al. (2015): »Reconciling past and future rainfall trends over East Africa«, in: Journal of Climate, 28(24), S. 9768–9788.

Rowell, David/Robin Chadwick (2018): »Causes of the uncertainty in projections of tropical terrestrial rainfall change: East Africa«, in: Journal of Climate Change, 31(15), S. 5977–5995.

Salack, Seyni et al. (2015): »Crop-climate ensemble scenarios to improve risk assessment and resilience in the semi-arid regions of West Africa«, in: Climate Research 65, S. 107–121.

Salack, Seyni et al., (2016): »Global warming induced hybrid rainy seasons in the Sahel«, in: Environmental Research Letters 11, 104008.

Sarr, Benoit (2012): »Present and future climate change in West Africa: A crucial input for agricultural research prioritization for the region«, in: Atmospheric Science Letters 13, S. 108–112.

Schade, Jeanette (2016): »Land matters: The role of land policies and laws for environmental migration in Kenya«, in: Environment Migration Portal, Migration, Environment and Climate Change: Policy Brief Series 1(2), S. 1–8.

Scheffran, Jürgen (2020): The geopolitical impact of climate change in the Mediterranean region: Climate change as a trigger of conflict and migration, https://www.iemed.org/publication/the-geopolitical-impact-of-climate-change-in-the-mediterranean-region-climate-change-as-a-trigger-of-conflict-and-migration (02.11.2022).

Schilling, Janpeter et al. (2020): »Climate change vulnerability, water resources and social implications in North Africa«, in: Regional Environmental Change 20(15), S. 1–12.

Schneiderheinze, Claas/Benjamin Schraven (2021): Der Zusammenhang von Migration und Entwicklung, https://www.fes.de/themenportal-flucht-migration-integration/artikelseite-flucht-migration-integration/der-zusammenhang-von-migration-und-entwicklung (03.01.2023).

Schraven, Benjamin (2019): Fluchtursachenbekämpfung: Die deutsche Debatte, Paris: Französische Institut für internationale Beziehungen.

Schraven, Benjamin (2021): »›Die Klimaflüchtlinge kommen‹ – Über die Problematik einer Begrifflichkeit«, in: Leviathan 49(2), S. 244–257.

Schraven, Benjamin et al. (2020): Climate change impacts on human (im-)mobility in Sub-Saharan Africa: Recent trends and options for policy responses, Eschborn: Deutsche Gesellschaft für Internationale Zusammenarbeit.

Schraven, Benjamin/Serraglio, Diogo A. (2023): Rechtliche und politische Perspektiven zum Stand der globalen Governance hinsichtlich klimabezogener Mobilität, Berlin: Sachverständigenrat für Integration und Migration.

Schwarz, Bessie et al. (2018): »Mapping Floods and Assessing Flood Vulnerability for Disaster Decision-Making: A Case Study Remote Sensing Application in Senegal«, in: Pierre-Philippe Mathieu/Christoph Aubrecht (Hg.), Earth observation open science and innovation, Berlin u.a.: Springer, S. 293–300.

Selby, Jan et al. (2017): »Climate change and the Syrian civil war revisited«, in: Political Geography 60, S. 232–244.

Selvaraju, Ramasamy (2013): »Implications of climate change for agriculture and food security in the Western Asia and Northern Africa region«, in: Mannava V.K. Sivakumar/Rattan Lal/Ramasamy Selvaraju/Ibrahim Hamdan (Hg.), Climate change and food security in West Asia and North Africa, Berlin u.a.: Springer, S. 27–51.

Seneviratne, Sonia et al. (2016): »Allowable CO_2 emissions based on regional and impact-related climate targetsc, in: Nature 529, S. 477–483.

Sjaastad, Larry A. (1962): »The costs and returns of human migration«, in: The Journal of Political Economy 70, S. 80–93.

Sobczak-Szelc, Karolina/Fekih, Naima (2020): »Migration as one of several adaptation strategies for environmental limitations in Tunisia: evidence from El Faouar«, in: Comparative Migration Studies 8(8), S. 1–20.

Sow, Papa et al. (2016): »Between the heat and the hardships. Climate change and mixed migration flows in Morocco«, in: Migration and Development, 5(2), S. 293–313.

Stark, Oded (1991): The migration of labour. Cambridge: Harvard University Press.

Stewart, Charles T. (1960): »Migration as a function of population and distance«, in: American sociological review 25, S. 347–356.

Sward, Jon/Samuel Codjoe (2012): »Human mobility and climate change adaptation policy: A review of migration in National Adaptation Programmes of Action (NAPAs)«, in: Migrating out of Poverty Research Programme Consortium Working Paper 6.

Sylla, Mouhamadou Bamba et al. (2016): »Climate change in West Africa: Recent trends and future projections«, in: Joseph Yaro/Jan Hesselberg (Hg.), Adaptation to climate change and variability in rural West Africa, Berlin u.a.: Springer, S. 25–40.

Tache, Boku/Oba, Gufu (2010): »Is poverty driving Borana herders in Southern Ethiopia to crop cultivation?«, in: Human Ecology 38, S. 639–649.

Tenbrock, Christian (2009): Klimaflüchtlinge: Der große Treck, https://www.zeit.de/2009/42/Klimafluechtlinge/komplettansicht (09.12.2022).

The Economist Group (2022): In transit: Pathways to circular tourism in the Middle East, https://impact.economist.com/perspectives

/sites/default/files/download/economist_impact_in_transit_english_nov22.pdf (05.01.2023).

Tschakert, Petra et al. (2010): »Floods in the Sahel: an analysis of anomalies, memory, and anticipatory learning«, in: Climatic Change 103, S. 471–502.

UN (1992): United Nations Framework Convention on Climate Change. FCCC/INFORMAL/84, GE.05-62220, https://unfccc.int/resource/docs/convkp/conveng.pdf (21.01.2023).

UNCCD (2019)UNDESA (1998): Recommendations on statistics of international migration. Revision 1, https://unstats.un.org/unsd/publication/seriesm/seriesm_58rev1e.pdf (12.12.2022).

UNDESA (2023): International migrant stock, https://www.un.org/development/desa/pd/content/international-migrant-stock (30.01.2023).

UNFCCC (2010): Report of the Conference of the Parties on its sixteenth session, held in Cancun from 29 November to 10 December 2010: Part two – Action taken by the Conference of the Parties at its sixteenth session. http://unfccc.int/resource/docs/2010/cop16/eng/07a01.pdf (02.11.2022).

UNFCCC (2014): Report of the Conference of the Parties on its nineteenth session: Addendum part two: Action taken by the Conference of the Parties at its nineteenth session. FCCC/CP/2013/10/Add.1, https://unfccc.int/resource/docs/2013/cop19/eng/10a01.pdf (09.11.2022).

UNFCCC (2015): Report of the Conference of the Parties on its twenty-first session, held in Paris from 30 November to 13 December 2015. FCCC/CP/2015/10, https://www.un.org/en/development/desa/population/migration/generalassembly/docs/globalcompact/FCCC_CP_2015_10_Add.1.pdf (22.12.2022).

UNFCCC (2018): Report of the Task Force on Displacement, https://unfccc.int/sites/default/files/resource/2018_TFD_report_17_Sep.pdf (03.01.2023).

UNGA (1948): Universal Declaration of Human Rights, https://www.un.org/en/about-us/universal-declaration-of-human-rights (01.01.2022).

UNGA (2015): Transforming our world: The 2030 Agenda for Sustainable Development, Resolution adopted by the General Assembly on 25 September 2015, https://www.un.org/depts/english/gv-70/band1/ar70001.pdf (15.01.2023).

UNGA (2018): Global Compact for Safe, Orderly and Regular Migration. Resolution adopted by the General Assembly on 19 December 2018, https://www.ohchr.org/en/migration/global-compact-safe-orderly-and-regular-migration-gcm (12.02.2023).

UNHCR (1951): Convention relating to the Status of Refugees. UNGA Resolution 2198(XXI), https://www.unhcr.org/5d9ed32b4 (03.02.2023).

UNHCR (2008): Climate change, natural disasters and human displacement: A UNHCR perspective, https://www.unhcr.org/protection/environment/4901e81a4/unhcr-policy-paper-climate-change-natural-disasters-human-displacement.html (17.01.2023).

UNHCR (2011a): Climate change induced displacement: Adaptation policy in the context of the UNFCCC climate negotiations. PPLA/2011/02. Genf: UNHCR.

UNHCR (2011b): Climate change and the risk of statelessness: The situation of low-lying island states. PPLA/2011/04. Genf: UNHCR.

UNHCR (2011c): Climate change displacement and international law: Complementary protection standards. PPLA/2011/03. Genf: UNHCR.

UNHCR (2012) 2012a) Protecting people crossing borders in the context of climate change: Normative gaps and possible approaches, https://www.unhcr.org/media/32582 (20.02.2023).

UNHCR (2014): Brazil Declaration: A framework for cooperation and regional solidarity to strengthen the international protection of refugees, displaced and stateless persons in Latin America and the Caribbean. https://www.unhcr.org/protection/operations/54b533fa9/declaration-plan-action.html (11.11.2022).

UNHCR (2017a): Climate change and disaster displacement: An overview of the UNHCR's role, https://www.unhcr.org/5975e6cf7.pdf (20.01.2023).

UNHCR (2017b): Legal considerations on refugee protection for people fleeing conflict and famine in affected countries, https://www.refworld.org/docid/5906e0824.html (28.12.2022).

UNHCR (2017c): Key concepts on climate change and disaster displacement, https://www.unhcr.org/protection/environment/5943aea97/key-concepts-climate-change-disaster-displacement.html (10.01.2023).

UNHCR (2018): In harm's way: International protection in the context of nexus dynamics between conflict or violence and disaster or climate change, https://www.unhcr.org/media/37759 (03.02.2023).

UNHCR (2020a): Refugee law in a time of climate change, disaster and conflict. PPLA/2020/01. Genf: UNHCR.

UNHCR (2020b): Legal considerations regarding claims for international protection made in the context of the adverse effects of climate change and disasters, https://www.refworld.org/docid/5f75f2734.html

UNHCR (2023): Refugee data finder, https://www.unhcr.org/refugee-statistics/download/?url=2bxU2f (29.12.2022).

United Nations Office for Disaster Risk Reduction (UNDRR) (2015): Sendai Framework for Disaster Risk Reduction 2015–2030. A/RES/69/283, https://www.undrr.org/publication/sendai-framework-disaster-risk-reduction-2015-2030 (30.10.2022).

van der Geest, Kees (2011): »North-South migration in Ghana: What role for the environment? », in: International Migration 49(s1), S. e69-e94.

van der Land et al., Victoria (2018): Migration and environmental change in the West African Sahel – Why capabilities and aspirations matter, London: Routledge.

van Praag, Lore (2021): »A qualitative study of the migration-adaptation nexus to deal with environmental change in Tinghir and Tangier (Morocco)«, in: Journal of Integrative Environmental Sciences 18(1), 1–17.

Vinke, Kira et al. (2020): »Is migration an effective adaptation to climate-related agricultural distress in sub-Saharan Africa? «, in: Population and Environment (43), S. 319–345.

Vliet, J. (2018): »Climate Refugees: A legal mapping exercise«, in S. Behrman, A. Kent (Hg.), Climate Refugees: Beyond the Legal Impasse?, London u.a.: Routledge, S. 16–33.

Waha, Katharina et al. (2017): »Climate change impacts in the Middle East and Northern Africa (MENA) region and their implications for vulnerable population groups«, in: Regional Environmental Change 17, S. 1623–1638.

Wallace-Wells, David (2017): The uninhabitable earth – Famine, economic collapse, a sun that cooks us: What climate change could wreak – sooner than you think«, https://nymag.com/intelligencer/2017/07/climate-change-earth-too-hot-for-humans.html. (23.10.2022).

Warner, Koko (2010): »Global environmental change and migration: Governance challenges«, in: Global environmental change 20(3), S. 402–413.

Warner, Koko (2018): »Coordinated approaches to large-scale movements of people: contributions of the Paris Agreement and the Global Compacts for migration and on refugees«, in: Population and Environment 39(4), S. 384–401.

Weiß, Marlene (2022): Klimawandel: Horrorvision oder Realität?, https://www.sueddeutsche.de/wissen/klimawandel-klimaschutz-szenarien-1.4989443 (31.12.2022).

Weltbank (2013)Weltbank (2022): International migrant stock (% of population), https://data.worldbank.org/indicator/SM.POP.TOTL.ZS?most_recent_value_desc=true (07.12.2022).

Weltgesundheitsorganisation – Regional Office for the Eastern Mediterranean (WHO EMRO) (2018): Annual report of the director 2018, https://www.emro.who.int/annual-report/2018/ (02.01.2023).

Westdeutscher Rundfunk (WDR) (2023): Silvester 2022: 18 Grad-Marke in NRW geknackt, https://www1.wdr.de/nachrichten/silvester-im-t-shirt-ungewoehnlich-warmer-jahreswechsel-100.html (09.06.2022).

Wiederkehr, Charlotte et al. (2018): »Environmental change, adaptation strategies and the relevance of migration in Sub-Saharan drylands«, in: Environmental Research Letters 13, 113003.

Wilkinson Emily et al. (2016): Climate-induced migration and displacement: closing the policy gap, https://www.odi.org/sites/odi.org.uk/files/resource-documents/10996.pdf (07.11.2022).

WMO (2022a): Provisional state of the global climate 2022, Genf: WMO.

WMO (2022b): State of the climate in Asia 2021, Genf: WMO.

WMO (2022c): State of the climate in Africa 2021, Genf: WMO.

WMO (2022d): State of the climate in the Europe 2021, Genf: WMO.

WMO (2022e) State of the climate in the South-West Pacific 2021, Genf: WMO.

Wodon, Quentin et al. (Hrsg.) (2014): Climate change and migration: Evidence from the Middle East and North Africa, Washington: Weltbank, Wodon und Liverani (2014)

Xu, Chi et al. (2020): »Future of the human climate niche«, in: Proceedings of the National Academy of Science 117(21), S. 11350–11355.

Yamamoto, Lilian et al. (2018): »Human mobility in the context of climate change and disasters: a South American approach«, in: International Journal of Climate Change Strategies and Management 10(1), S. 65–85.

YouGov (2019): Internationale Umfrage: Mehrheit der Weltbevölkerung erwartet schwerwiegende Folgen des Klimawandels, https://yougov.de/topics/international/articles-reports/2019/09/23/internationale-umfrage-mehrheit-der-weltbevolkerun (20.12.2022).

Zipf, George K. (1946): »The P1P1/D hypothesis: On the intercity movement of persons«, in: American Sociological Review 11(6), S. 677–686.

Soziologie

Gabriele Winker
Solidarische Care-Ökonomie
Revolutionäre Realpolitik für Care und Klima

2021, 216 S., kart.
15,00 € (DE), 978-3-8376-5463-9
E-Book:
PDF: 12,99 € (DE), ISBN 978-3-8394-5463-3

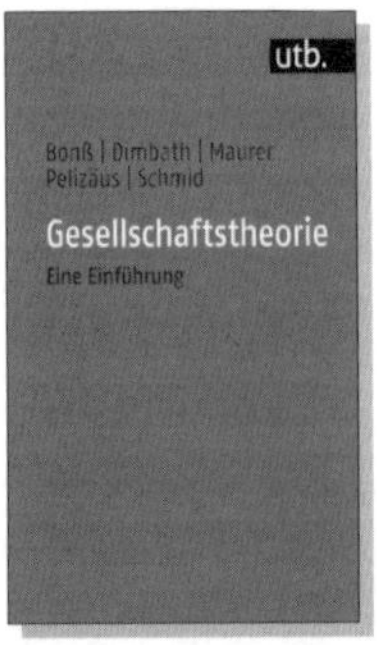

Wolfgang Bonß, Oliver Dimbath, Andrea Maurer,
Helga Pelizäus, Michael Schmid
Gesellschaftstheorie
Eine Einführung

2021, 344 S., kart.
25,00 € (DE), 978-3-8376-4028-1
E-Book:
PDF: 24,99 € (DE), ISBN 978-3-8394-4028-5

Bernd Kortmann, Günther G. Schulze (Hg.)
Jenseits von Corona
Unsere Welt nach der Pandemie – Perspektiven aus der Wissenschaft

2020, 320 S., Klappbroschur, 1 SW-Abbildung
22,50 € (DE), 978-3-8376-5517-9
E-Book:
PDF: 19,99 € (DE), ISBN 978-3-8394-5517-3
EPUB: 19,99 € (DE), ISBN 978-3-7328-5517-9

Leseproben, weitere Informationen und Bestellmöglichkeiten finden Sie unter www.transcript-verlag.de